J'apprends à apprendre

W0208021

Solange Denervaud

Montessori à la maison

playBac

LA PÉDAGOGIE MONTESSORI, C'EST UNE AIDE À LA VIE !

- Maria Montessori a consacré sa vie à la cause des enfants en élaborant une pédagogie qui favorise le développement global de l'enfant : c'est une « aide à la vie ».

- Au-delà du fameux matériel sensoriel qu'elle a inventé et qui a un but pédagogique clair, **les scènes de la vie quotidienne** sont le premier socle du développement de l'enfant.

- Le rôle de l'adulte est donc d'assurer à l'enfant le cadre éducatif nécessaire à un développement positif, en intervenant le moins possible. Chaque moment de la vie est en effet une occasion d'apprentissage, que ce moment semble facile ou difficile.

APPRENDRE À OBSERVER SON ENFANT AVANT TOUT

- Nous sommes en permanence à l'affût de « recettes magiques » pour améliorer notre quotidien vite et sans trop d'efforts ! Or, accompagner le développement d'un être humain reste imprévisible ! Les solutions miracles n'existent pas...

- Cependant, une bonne connaissance du développement de l'enfant, ainsi qu'une palette d'outils éducatifs auxquels on a pris le temps de réfléchir et que l'on a testés, permettent de mieux **personnaliser** l'éducation des enfants et de se rendre la vie plus facile.

- L'investissement personnel de l'adulte consiste à :
  → **Apprendre à observer** son enfant et prendre le temps de le faire.

→ **Avoir le courage d'ignorer ce que l'on croit savoir :** vous pensez tout connaître de votre enfant ? ou du développement de l'enfant ? Ou bien, vous pensez que les autres sauront mieux que vous ? Ignorez vos croyances… et vivez au présent les situations ! Chaque cas est unique, et plusieurs façons de faire sont possibles, pour autant qu'elles soient authentiques !

→ **Expérimenter de nouvelles façons de faire jusqu'à ce que l'une d'elles fonctionne.**

→ **Se souvenir qu'accompagner la construction de l'intelligence prend du temps.**

DE 0 À 6 ANS. « APPRENDS-MOI À FAIRE SEUL »

• Lors des premières années de la vie, le cerveau de l'enfant est en pleine maturation ! Un nombre astronomique de connexions cérébrales se développent en continu. C'est-à-dire que l'enfant enregistre tout ce qui sera potentiellement nécessaire ou utile pour lui : ce qu'il voit, ce qu'il entend, ce qu'il fait, etc.

• C'est pourquoi les enfants sont les champions des détails, et non de la vitesse ! Ils vont au rythme de leur cerveau, qui a pour objectif d'emmagasiner tous les moments de vie. C'est ce que Maria Montessori appelait ***l'esprit absorbant*** de l'enfant.

• Ce n'est que plus tard, dès l'âge de 5 ans environ, que les connexions cérébrales vont subir une sélection drastique, un tri, pour ne garder que de grandes « routes » ; les enfants, en grandissant, deviendront alors plus efficaces. Il faut se souvenir que leur vécu n'est pas le même que le vôtre !

• Le cerveau de votre enfant va développer la maîtrise de soi corporellement et mentalement. C'est pourquoi votre enfant cherche à faire « lui tout seul ». Il est important de lui apprendre à trouver les moyens de répondre à ce besoin d'autonomie : **« Apprends-moi à faire seul. »**

- Dans une classe Montessori par exemple, le petit enfant devient progressivement autonome : il coordonne ses gestes, sa main, ses doigts ; il participe aux tâches, à son habillement ; il maîtrise ses sens, les mots, les lettres et les chiffres, l'écriture, la lecture, et le calcul.

- **Il est possible d'en faire autant à la maison !** Accompagner son enfant vers l'autonomie, ce n'est pas le laisser tout seul (*C'est bien, il apprendra à se débrouiller !*), ni tout faire pour lui (*Il est petit, il ne peut pas savoir faire correctement*). C'est arriver à trouver le subtil équilibre afin de **« ne jamais faire à la place de l'enfant, ce qu'il sait faire seul ».**

COMMENT UTILISER LES FICHES DE CE GUIDE ?

- Les fiches de cet ouvrage montrent comment les concepts de base transmis par Maria Montessori peuvent être mis en place quotidiennement à la maison avec votre enfant, favorisant ainsi **l'harmonie familiale.** Ces fiches vous expliquent également ce que l'on sait des **mécanismes du cerveau** et **pourquoi** les idées de Maria Montessori fonctionnent aussi bien :

  → **Suivre les périodes sensibles de votre enfant (chapitre 1).** Que sont-elles et comment les reconnaître ? Que faire avec les intérêts passionnés de votre enfant ? Son envie de tout explorer ? Et faut-il conserver les punitions et récompenses ?

  → **Favoriser son autonomie (chapitre 2).** Est-il trop jeune pour faire des choix ? Ou pour prendre soin de lui et de sa maison ? Ou pour ranger ?

→ **Aider ses premières acquisitions scolaires (chapitre 3).** Il est passionné par les lettres, les sons, les chiffres, les calculs, que faire ? Comment répondre à ses questions ? Comprend-il ce que vous lui dites ?

→ **Accompagner ses compétences sociales et émotionnelles (chapitre 4).** Votre enfant n'aime pas le stress et doit apprendre à gérer sa frustration, il doit acquérir les codes sociaux, collaborer et apprendre avec les autres.

QUI ÉTAIT MARIA MONTESSORI ?

Maria Montessori est née en 1870 en Italie. Attirée par les matières scientifiques, et malgré la désapprobation de son père, elle intègre une école technique, ce qui suscite en elle l'envie de devenir médecin. Elle parvient à s'inscrire en sciences naturelles, puis en médecine à l'université, alors réservée aux hommes. Malgré les nombreuses critiques et hostilités qu'elle subit, elle devient l'une des premières femmes diplômées de médecine en Italie, à l'âge de 26 ans.

Elle rejoint ensuite la clinique psychiatrique de l'université de Rome, où elle travaille auprès de « retardés mentaux ». Elle y découvre que leurs besoins sont d'ordre plus pédagogique que médical. Elle étudie alors les travaux de Jean Itard et d'Édouard Séguin.

C'est à l'âge de 30 ans qu'elle décide de se consacrer entièrement à la pédagogie. Elle forme des enseignants, et elle leur demande « d'observer et non de juger ». C'est ensuite de façon naturelle qu'elle s'intéresse aux enfants « normaux » et se forme en psychologie et en philosophie.

En 1907 ouvre la première Maison des enfants au sein d'un quartier défavorisé de Rome, où les enfants sont livrés à eux-mêmes ; le but est de les regrouper et d'assurer des mesures d'hygiène minimales. Ce sera là que Maria Montessori élaborera les bases mêmes de ce qui deviendra la méthode Montessori !

Dès 1913, elle fait connaître sa pédagogie dans le monde entier et de nombreuses personnes se forment à son approche. L'Association Montessori Internationale est créée en 1929. Pendant la guerre, elle s'exile en Inde, où elle se liera d'amitié avec Gandhi.

Elle décède en 1952 à l'âge de 81 ans, aux Pays-Bas.

Chapitre 1

Les périodes sensibles

FICHE 1

J'accompagne les périodes sensibles de mon enfant

POURQUOI ?

- Maria Montessori avait constaté que les enfants ont tous des **phases d'intérêts ardentes et spontanées,** qui apparaissaient à **des âges similaires**. Elle les avait appelées « périodes sensibles ». Passé ces périodes optimales, les enfants semblaient devoir fournir plus d'efforts pour se développer.

  → De la naissance à 6 ans, la période sensible du langage
  → De la naissance à 5 ans, le développement sensoriel (fiche 3)
  → De 1 à 2 ans, l'attrait pour les petits objets
  → De 1 à 3 ans, la période sensible de l'ordre
  → De 1 à 4 ans, la période sensible du mouvement
  → De 2 ½ à 5 ans, le développement social

- Les neurosciences ont en effet montré que **la plasticité cérébrale est maximale chez l'enfant de 0 à 6 ans ;** le cerveau est en pleine maturation et son développement se fait de manière très structurée, selon un plan de développement qui correspond à des périodes d'apprentissage facilité.

LE SAVIEZ-VOUS ?

Il y a des périodes dites critiques où l'apprentissage se doit d'être fait, car il ne pourra être rattrapé plus tard. C'est le cas de **la prononciation** de certains sons, par exemple ! Jusque vers 10 mois, le bébé entend et différencie tous les sons de toutes les langues. Mais ensuite, il perd cette faculté au profit de ceux de sa langue maternelle.

COMMENT FAIRE À LA MAISON ?

• **Les intérêts de votre enfant se manifestent de façon soudaine et s'arrêtent du jour au lendemain !** Il y a quelque chose de très mystérieux à cela, et la forme que prennent ces intérêts varie et peut surprendre :

→ Votre enfant découvre l'existence des interrupteurs… Il s'agit de la période sensible des petits objets.

→ Soudain, il se met à marcher sur les lignes entre les carrelages… Il s'invente des parcours avec les chaises et les coussins du salon… Sans doute est-ce l'expression de son intérêt pour les mouvements.

→ Il répète les mots entendus… Veut connaître les lettres… Joue avec les sons… Il est en pleine période sensible du langage.

→ Parfois d'autres choses plus incongrues l'intéressent… comme les poubelles, qu'il faut ouvrir à tout prix et partout… La période sensible de l'ordre à coup sûr !

• **Interférer avec ses intérêts ardents génère souvent des réactions très fortes.** Laissez donc votre enfant suivre ses passions soudaines autant que faire se peut. Il se construit ! N'oubliez pas que, une fois son intérêt satisfait, il passera à autre chose ! Il y reviendra sous une autre forme plus tard, ou non.

AU QUOTIDIEN

• **Donnez-vous le temps d'observer votre enfant.** Vous verrez qu'il ne peut réprimer son attirance pour certains objets ou certaines actions. Nous n'avons pas toujours besoin de comprendre ce qui l'attire exactement, mais plutôt de l'accompagner.

- **Pour la période sensible du langage, dès la naissance :**
  → Chantez des berceuses et des chansons à votre bébé.
  → Racontez-lui des histoires, montrez-lui des livres. Allez à la bibliothèque ensemble.
  → Commentez, discutez, expliquez, nommez ce que vous faites et ce que vous utilisez comme objets.
  → Dès 2 ½ ans, il faut lui dire les sons des lettres quand il s'y intéresse. Ayez alors des exemples de lettres à la maison (autocollants, aimants sur le frigidaire, cartes, tampons...).
  → Dès 3 ans, s'il souhaite tracer des lettres, armez-vous de stylos, papier, ardoise, craies !
  → Jouez avec les sons, faites des rimes.

- **Pour la période sensible des petits objets, dès 1 an :**
  → Laissez-le observer et toucher vos bijoux, les jolis boutons sur les habits, etc.
  → Laissez-le farfouiller dans vos tiroirs, vos sacs, votre porte-monnaie, en surveillant de loin.
  → Allez au parc ou dans la nature, à la découverte des miniatures : fourmis, escargots, petits cailloux.

L'attirance pour les petits objets découle d'une phase de développement de la vision.

• **Pour la période sensible de l'ordre, dès 1 an :**

→ Mettez à sa disposition une petite éponge, des chiffons, une petite poubelle, un petit balai et une pelle pour qu'il puisse participer.

→ Donnez-lui tout ce qui doit être jeté, il se fera un plaisir de le faire pour vous !

→ Laissez à sa disposition des boîtes ou des tiroirs pour les rangements.

Votre enfant souhaite nettoyer et ranger ; équipez-vous de matériel à sa taille !

• **Pour la période sensible du mouvement, autant que sa sécurité le permet, dès 1 an :**

→ Laissez votre enfant marcher sur les rondins de bois, les bords de trottoirs. Prenez le temps de marcher avec lui, il développe son attention grâce à ces exercices spontanés.

→ Il veut escalader, grimper aux échelles ? Laissez-le faire ! Son équilibre se développe et il affine sa coordination.

→ Il veut couper avec des ciseaux, tenir des crayons ? Sa motricité fine est aussi en développement. Montrez-lui comment bien les tenir et laissez-le faire.

- **Pour la période du développement social, dès 2 ½ ans :**

→ Il est intéressé par le contact avec d'autres enfants ! Il ressent d'autres envies ou les mêmes que ses copains. Il doit alors gérer ses frustrations (ne pas taper, ne pas mordre, ne pas pousser…). Encouragez-le à se maîtriser et expliquez-lui qu'il doit attendre son tour, partager, etc.

→ Dès 6 ans, il a envie de partager des jeux et des idées avec d'autres enfants, et découvre l'amitié à travers des moments de conflits ou de partage. Il vous parle tout le temps de qui il veut inviter à sa fête d'anniversaire par exemple !

→ Écoutez-le avec bienveillance, et souvenez-vous que ses états d'âme sont autant d'occasions pour lui de développer ses compétences émotionnelles et sa capacité à prendre en compte le point de vue d'une autre personne !

Les moments de rigolade et de tendresse sont précieux et à ne pas interrompre !

FOCUS COMPÉTENCES ÉMOTIONNELLES

Les compétences émotionnelles sont notre capacité à **reconnaître et à nommer nos émotions et celles des autres, ainsi qu'à les réguler et aider autrui à le faire.** Elles sont importantes pour la réussite scolaire et le bien-être de l'enfant. Plus les adultes verbalisent leurs émotions et discutent des situations que leur enfant vit, plus il développera de bonnes compétences émotionnelles.

FICHE 2 Je soigne la motivation intrinsèque de mon enfant
FICHE 3 Je laisse mon enfant explorer avec ses sens
FICHE 5 Je laisse bouger mon enfant

FICHE 2

Je soigne la motivation intrinsèque de mon enfant

POURQUOI ?

- Maria Montessori avait constaté que les apprentissages liés aux intérêts de l'enfant se faisaient avec facilité, rapidité et joie, sans effort apparent.

  → C'est pourquoi dans un environnement Montessori, les enfants sont **libres de suivre leurs intérêts propres.**

  → Et ce, au moment qu'ils veulent et autant de temps que nécessaire.

- En suivant ses moments d'intérêts spontanés, l'enfant garde intact le plaisir de la découverte. En effet, il répond à **sa propre curiosité,** et cela génère une **motivation intrinsèque** (intérieure), qui procure beaucoup de **plaisir** et l'**envie d'en apprendre plus.**

- À l'inverse, lorsque l'enfant effectue une tâche pour **une raison extérieure à lui-même :** faire plaisir à l'adulte, recevoir une récompense, un cadeau ou une bonne note, il n'agit plus **pour son intérêt,** mais pour **une raison qui ne lui appartient pas.** Avec le temps, s'il ne reçoit pas systématiquement quelque chose, il sera déçu. Il ne sera pas motivé par l'apprentissage en lui-même !

COMMENT FAIRE À LA MAISON ?

- **Lorsque votre enfant a un intérêt personnel pour un sujet particulier, tentez de le suivre,** adaptez votre environnement et ne l'interrompez pas ! Attention, cela n'implique pas de céder à toutes ses envies, nous parlons ici d'un vrai *intérêt* !

- **N'encouragez pas votre enfant à faire les choses pour vous plaire ou pour une récompense.**

→ Donnez-lui envie d'agir pour son bien avant tout.

→ Dès son plus jeune âge, expliquez-lui pourquoi vous lui demandez telle action.

→ S'il est trop jeune pour agir de façon appropriée, faites-le avec lui ou pour lui en gardant à l'idée que vous le faites pour son bien et qu'il va grandir peu à peu en intégrant les bons gestes.

AU QUOTIDIEN

- **Il veut faire quelque chose qui vous semble trop compliqué ?**

→ **Aidez-le en adaptant la situation** de telle manière que cela ne soit ni trop facile ni trop difficile. Par exemple, s'il est attiré par l'envie de faire de la trottinette, mais qu'il semble encore trop jeune ? Accompagnez-le en assurant sa sécurité, et en adaptant le niveau, une difficulté à la fois.

Il a envie de couper avec un couteau comme vous ? Montrez-lui le geste correct et laissez-le faire à vos côtés.

• **Il y a certaines choses qu'il n'aime pas faire ? Suscitez son intérêt pour qu'il le fasse de sa propre volonté dans quelques jours :**

→ Il n'aime pas se laver les dents ? Trouvez une brosse à dents électrique, un joli livre sur les dents, brossez les dents de son doudou, demandez-lui de vous brosser les dents, etc.

→ Il refuse de mettre des bottes ? Laissez-le sortir une fois en chaussettes ; il constatera que la pluie mouille et que c'est inconfortable.

→ Il refuse toujours de mettre ses bottes ? Ne cédez pas ! L'enfant doit aussi obéir, dans son intérêt ! Dites-lui, avec fermeté et gentillesse, qu'il est hors de question de sortir sans bottes. Au besoin, il faut les lui mettre, avec douceur.

S'il explore la nature, ne l'arrêtez pas systématiquement ! Les habits se lavent après tout…

- **Faites naître l'envie de coopérer en lui expliquant pourquoi c'est intéressant de collaborer :** si on se prépare maintenant et que l'on part, on aura plus de temps au parc.

- **Arrêtez-vous autant qu'il est nécessaire et possible quand votre enfant s'intéresse à quelque chose.** Il aime voir les tracteurs, les chiens dans la rue, les fleurs, les petits cailloux brillants, ramasser les bâtons ou des feuilles mortes ? Attendez qu'il fasse mine de vouloir s'en aller.

FICHE 4 J'encourage l'exploration active

FICHE 31 Mon enfant apprend sans récompense ni punition

Je laisse mon enfant explorer avec ses sens

POURQUOI ?

- C'était l'intuition de Maria Montessori qui, dans sa pédagogie, proposait au jeune enfant (dès 2 ½ ans) **d'entraîner et de raffiner chacun de ses sens, avant de les combiner** pour aborder les apprentissages scolaires de manière **multisensorielle.**

- En effet, **les premières années sont d'une importance capitale pour l'éducation des sens.** C'est une période où le cerveau est particulièrement malléable aux entrées sensorielles et où leur maturation dépend **des interactions avec l'environnement.**

- Plus votre enfant est exposé à des **expériences sensorielles de qualité,** plus il sera capable de **combiner plusieurs sens** et d'en tirer plus tard des avantages dans ses apprentissages.

LE SAVIEZ-VOUS ?

Il a été montré que nous mémorisons mieux les informations **multisensorielles** (audiovisuelles par exemple) que les informations utilisant un seul sens (la vision ou l'audition). Normal quand on pense que nous évoluons dans un monde offrant de nombreux stimuli à tous les sens !

COMMENT FAIRE À LA MAISON ?

- De la naissance à 3-4 ans environ, c'est l'âge du raffinement des sens. Plus les expériences vécues par votre enfant sont riches, meilleures seront ses perceptions de l'environnement.

- **Prenez conscience que votre enfant ressent son environnement différemment de vous.** Notre vision est dominante pour toutes les informations spatiales ! Et pour les informations temporelles, notre ouïe prend le dessus. **Or, votre enfant fonctionne autrement !**

- D'une manière générale, observez-le et voyez combien il aime utiliser tous ses sens ; il est important d'offrir **un environnement** où votre enfant est libre de les développer en explorant à son rythme.

AU QUOTIDIEN

- **À la naissance.**
  → Votre bébé n'a pas encore une bonne vision. Ce qui est important pour lui, ce sont les odeurs ! Il a besoin d'être rassuré via son olfaction : laissez-lui un morceau de tissu qui porte son odeur et celle de la maman lorsque vous le changez de place, il sera sécurisé.
  → La vue de votre bébé est nette à une distance de 20 cm environ ; c'est-à-dire qu'il sera apte à voir correctement les visages des personnes qui prennent soin de lui ! Vers 8-10 mois, il a un pic de connexions synaptiques qui lui confère une vision des détails qu'aucun adulte ne pourra plus égaler !

→ Votre bébé aime tout mettre à la bouche ! Il s'agit en effet d'un point d'entrée d'informations sensorielles pour lui (olfactives, gustatives et tactiles) ! La langue et les lèvres sont capables de déceler les caractéristiques très fines d'un matériau. Dans des mesures raisonnables d'hygiène et de sécurité, il faut donc le laisser faire, et se souvenir qu'il est en pleine fabrication d'anticorps, qui lui permettront de contrer les micro-organismes rencontrés au passage !

Sitôt que votre enfant peut attraper des objets, il les met à la bouche ! C'est un irrésistible besoin d'exploration qu'il faudra laisser faire autant que possible !

- **Dès 1-1 ½ an,** votre enfant voudra apposer aussi son front, ses dents, son ventre, ses pieds et pourquoi pas d'autres parties de son corps sur les matières qu'il rencontre. Il est important de le laisser explorer et découvrir les différentes propriétés physiques des matériaux avec tout son corps ! S'il met de la pâte à modeler sur son ventre par exemple, peut-être est-ce une manière de sentir la température ou la texture autrement que par ses mains. À l'âge adulte, nous nous limitons souvent à nos mains !

La nature offre de magnifiques matériaux que l'enfant peut librement étudier !

- **Dès 2-3 ans,** il voudra connaître et classer les couleurs, goûter les aliments, etc.
  - Encouragez-le à tester, essayer, toucher, explorer et nommez avec lui ses sensations. C'est un monde nouveau et magique qui s'offre à lui : **tout ce qu'il ressent a un nom !**

- Invitez votre enfant à utiliser ses sens. Que ce soit à la cuisine, lors de promenades, etc., faites-lui sentir et respirer des odeurs, manger les yeux fermés, écouter les sons entendus, ou faire toutes autres choses qui éveillent chacun de ses sens.

En automne, le crissement, la couleur, l'odeur et la texture des feuilles mortes plaisent aux enfants au point qu'ils s'en recouvrent parfois !

L'odorat et le goût

- Demandez-lui de **fermer les yeux** et de reconnaître une odeur, un parfum, une fleur, une épice.
- Demandez-lui si cela lui rappelle quelque chose (la cannelle peut éveiller le souvenir de Noël).
- De même, faites-lui goûter, les yeux fermés, un yaourt ou une glace dont il doit deviner le parfum.

→ La vue

- Offrez-lui **une lampe de poche,** dès qu'il a 1 ½-2 ans : votre enfant va aimer se concentrer sur un objet, et porter toute son attention dessus.
- Plus grand, dès 4 ans, il pourra avoir **une loupe** et, vers 6 ans, **un microscope.** Cela entraînera son œil à prêter attention aux détails.

Observer de loin avec une paire de jumelles est un exercice difficile qui développe la concentration.

- Ayez des livres de ***Cherche et trouve*** pour jouer au détective.
- Jouez à lui faire deviner un objet que vous voyez autour de vous. Dès qu'il aura 6 ans, vous pouvez faire le même jeu avec un objet auquel vous pensez ; il pourra s'entraîner à visualiser **des images mentales** !

Le toucher

- Si la saison le permet, **laissez-le pieds nus.**
- Faites avec lui de la peinture à doigts, de la pâte à sel, de l'argile, jouez avec un bac rempli de semoule, laissez-le manipuler des graines de toutes formes.

Avec les pieds nus, les sensations sont différentes de celles que ressentent les mains.

- Préférez des jeux de qualité et de beaux matériaux.
- Bandez-lui les yeux et faites-lui deviner un objet (une cuillère, une sphère, une noix, etc.).

L'ouïe

- **Chantez des chansons** avec votre enfant, jusqu'à ce qu'il développe une sensibilité à ce qu'il entend et ce qu'il chante.
- **Écoutez attentivement ensemble de la musique** que vous aimez, afin que son oreille se forme aux mélodies musicales.
- Dès 3-4 ans, il aimera de plus en plus **la musique et les chansons** ; ayez des CD à la maison, et un lecteur à sa disposition. Il pourra choisir seul d'écouter de la musique ou des histoires.
- Emmenez-le à des concerts de musique pour qu'il voie les instruments en même temps qu'il entend leurs sons.
- Dès qu'il a 3-3 ½ ans, **faites le jeu des rimes** : inventez des petites phrases improbables qu'il trouvera drôles ! Il aura envie d'en faire autant.
- Dès 4-5 ans, s'il a un intérêt particulier pour un instrument, initiez-le !
- Le plus tôt possible, exposez votre enfant à **des langues étrangères**. Son oreille se formera vite, et il assimilera naturellement le fait que nous ne parlons pas tous la même langue. Chantez de petites chansons dans une autre langue en mimant les paroles. Lors de vacances à l'étranger, apprenez-lui à compter dans la langue locale, à dire bonjour, au revoir, merci. Dès 4 ½-5 ans, vous pouvez faire des jeux de devinette dans une autre langue.

FICHE 1 J'accompagne les périodes sensibles de mon enfant
FICHE 15 Mon enfant aime l'ordre

J'encourage l'exploration active

POURQUOI ?

- Maria Montessori avait observé la facilité avec laquelle les jeunes enfants apprennent et se concentrent durant de longues périodes lorsqu'ils sont intéressés par ce qu'ils font. Elle avait notamment vu combien comptait l'usage de **leurs mains** et de **leurs sens** dans ces moments précis.

- Elle a donc basé les apprentissages scolaires sur **la manipulation de différents matériels sensoriels.** Cela permet à l'enfant une exploration active ; l'enfant est engagé dans ce qu'il fait, il n'est pas passif.

- Lorsque nous nous sentons concernés, **nos sens sont en alerte et nous mémorisons mieux ce que nous faisons.** L'exploration sensorielle et les mouvements favorisent cet état, surtout chez les jeunes enfants. Dès 6 ans, cet engagement actif passe moins par le mouvement du corps, car l'enfant engage de lui-même sa pensée avec plus de facilité.

- Lorsque nous sommes activement engagés, notre cerveau intègre de manière bien plus complète les différentes informations sensorielles et tridimensionnelles, et la connaissance qui en résulte a du sens.

COMMENT FAIRE À LA MAISON ?

- **De 0 à 3 ans, votre enfant aime toucher à tout et bouger, c'est normal !**

  → Lorsqu'il est intrigué par un objet, il va utiliser ses mains pour le manipuler. L'interaction va lui permettre d'avoir accès à des informations tactiles (température, poids, matériaux, etc.), olfactives, sonores, visuelles, gustatives, haptiques tridimensionnelles et de construire sa connaissance.

→ Ayez donc beaucoup d'objets d'un accès facile et qu'il peut manipuler sans être dérangé et sans danger.

- **L'enfant qui grandit est capable d'une pensée plus abstraite.**

→ Dès 3-4 ans, il a moins besoin de grands déplacements et peut petit à petit se retenir de tout toucher.

→ Il n'explore pas moins ! En effet c'est **l'âge des pourquoi** qui commence. Il s'agit du même processus exploratoire, qui s'exprime de façon différente.

AU QUOTIDIEN

- **Laissez votre enfant explorer son environnement de manière active.**

→ **Depuis le plus jeune âge :** sortez et laissez-le jouer dehors autant que possible ! Promenez-vous, laissez-le courir, grimper, sauter, tourner, autant d'activités bénéfiques pour son corps et sa tête !

Pour les petits, le chemin est parfois plus intéressant que la destination !

→ **Vers 1 an :** mettez à disposition un panier dont le contenu sera adapté à son intérêt du moment. Par exemple, s'il s'intéresse aux boutons, trouvez-lui une ancienne calculatrice, une vieille télécommande, un téléphone défectueux…

→ **Vers 1½-2 ans :** incluez votre enfant dans vos activités telles que la cuisine, le nettoyage, les rangements, le jardinage, la couture, le bricolage, les courses.

Goûter à chaque étape de la recette permet de rester concentré sur l'activité !

→ **Dès 2 ans :** emmenez-le dans des musées comportant des espaces dédiés aux enfants où ils peuvent explorer et manipuler.
→ **Vers 4-5 ans :** faites de petites expériences scientifiques toutes simples avec lui ! Ce ne sont pas tellement les explications qui le fascineront, mais d'observer ce qu'il se passe !

- Mettre du sel sur un glaçon.
- Mettre un Mentos dans du Coca.
- Mettre du sucre sur de la levure avec une goutte d'eau tiède et regarder comment cela se met à mousser.
- Remplir un vase d'eau et y verser de l'huile, puis du sirop.

• **Apportez des réponses à ses *pourquoi*.**

→ **Dès 2 ans :** armez-vous de bons livres ou allez sur Internet chercher ensemble l'information, lorsque vous ne connaissez pas la réponse à ses pourquoi. Votre enfant apprendra que vous non plus, vous ne savez pas tout, mais surtout où trouver des ressources pour répondre à ses questions quand il sera plus grand.
→ **Dès 4 ans :** retournez-lui certaines de ses questions, auxquelles il peut trouver des réponses ; accompagnez-le dans ses raisonnements. Faites avec lui des jeux de société, de *Cherche et trouve*, de réflexion, pour entraîner ses capacités de pensée.

→ **Dès 6 ans :** posez-lui des questions qui l'obligent à réfléchir pour trouver la réponse ! invitez-le à résoudre des mystères et des énigmes !

- **Pour éviter certains comportements indésirables, tout en favorisant son exploration active autonome :**

→ **Dès 1 an, orientez son attention** sur les objets pour lesquels il a votre accord, plutôt que de lui répéter ce qui est interdit. Par exemple : « Va choisir un livre que l'on va lire ensemble » plutôt que « Ne touche pas à ce gâteau qui sort du four ».

→ **Dès 2 ½ ans, encouragez-le à retenir ses mains** si la situation est trop délicate en lui montrant pourquoi il doit le faire (dans les rayons d'un magasin, lorsqu'il est énervé, ou dans un musée) : « Tu te souviens que ton cerveau doit dire à tes mains de ne pas toucher ? Cela se casse, regarde comme c'est délicat. »

→ **Mettez hors de sa vue ce qu'il n'a pas le droit de manipuler et qui est trop tentant** (les allumettes, les ciseaux trop dangereux, les bonbons, etc.) en attendant qu'il soit capable de se retenir ou de le faire correctement.

LE SAVIEZ-VOUS ?

Une étude a montré que deux chatons issus d'une même portée ne développaient pas les mêmes compétences visuelles selon qu'ils exploraient leur environnement **de façon passive** ou **de façon active**. Comparé au chaton actif, le chaton resté passif avait des défauts de vision en 3D. Il en va de même pour l'être humain ; un bon développement ne peut s'opérer qu'en cas d'interaction active avec l'environnement.

Je laisse bouger mon enfant

POURQUOI ?

- Maria Montessori avait réalisé combien **les mouvements étaient d'une importance vitale pour les enfants.** C'est pourquoi, dans les classes Montessori, les déplacements sont **libres mais orientés vers un but, et intégrés dans les apprentissages :**
  → Amener et ramener son matériel sur l'étagère.
  → Faire des gestes pour acquérir corporellement les concepts ; la main trace une lettre, les petits bras portent des cubes ou des barres de différentes tailles et s'imprègnent des différences de poids, etc.

- **En effet, mouvements et apprentissages sont intimement liés et présentent des bénéfices :**
  → **Une meilleure oxygénation** du corps et du cerveau, pour une meilleure croissance des connexions entre neurones.
  → **Un rechargement de l'attention** par l'activation du système vestibulaire et du cerveau. Une fois de retour assis, nous sommes de nouveau attentif ! Par exemple, un enfant qui se déplace pour aller chercher un livre sera ensuite plus concentré pour lire.
  → **Une meilleure mémoire** des informations. Par exemple, vous ne retrouvez plus le nom de la capitale australienne ? Levez-vous, allez chercher un verre d'eau ! Vous utiliserez d'autres réseaux cérébraux et très vite le mot manquant surgira comme par magie !

- **Se déplacer avec un but développe les fonctions exécutives :** cela fait appel à la planification, à la mémorisation, à l'attention sélective ! Puis, dès 5 ans environ, l'enfant a moins besoin d'avoir un but **physique extérieur**, le but devient **petit à petit intérieur** (mental).

COMMENT FAIRE À LA MAISON ?

• **Votre enfant bouge, c'est normal et bon pour son développement.** Plus l'enfant peut jouer et bouger en toute liberté, plus il sera disponible pour se concentrer plus tard !

• **Le besoin d'activité physique varie en fonction des âges et des enfants.** Si votre enfant est très actif, installez un trampoline dans le jardin, inscrivez-le à un cours de gymnastique ou de natation, courez avec lui, etc.

FOCUS HYPERACTIVITÉ

Il semblerait qu'une majeure partie des troubles de l'attention découle d'un manque de mouvement et d'activité physique. Attention donc à la passivité qu'induisent les écrans. Laissez bouger votre enfant !

• **Observez votre enfant pour voir ce qu'il aime de façon spontanée avant de lui choisir une activité.** Il danse tout le temps quand il entend de la musique ? Inscrivez-le à un petit cours de danse ! Au contraire, il n'est pas à l'aise ? Ne le forcez pas et regardez ce qui semble convenir à son tempérament et à son physique.

Certains enfants aiment bouger, d'autres moins. Observez votre enfant avant de lui choisir une activité.

AU QUOTIDIEN

• **Bébé, laissez-le libre de bouger autant que possible.** Il a besoin de sentir l'espace autour de lui et d'apprivoiser petit à petit ses mains.

→ Mettez-le aussi souvent que possible sur une couverture, de manière à ce qu'il puisse voir ses mains et regarder autour de lui.

→ Ne le bombardez pas de jouets et de jeux ; découvrir son environnement lui demande déjà un immense effort !

• **Votre bébé cherche à se retourner, à attraper des objets et à s'asseoir.**

→ Aidez-le à lui faire sentir comment il doit positionner son corps pour y arriver ou comment ajuster sa main pour attraper !

→ Les hochets peuvent être introduits un à un, et progressivement : noir et blanc au départ, car votre bébé aime les contrastes, puis des couleurs pastel pour aider son attention encore délicate, et enfin des objets plus colorés. Quand il devient expert en manipulation, ajoutez des hochets sonores !

Ne surchargez pas l'attention de votre bébé, laissez-lui le temps d'explorer.

- **Dès que votre enfant se met debout,**

→ Mettez à sa disposition un petit meuble stable (ou une chaise ou un bac), auquel il peut s'appuyer et qu'il peut pousser.

→ Dès qu'il maîtrise bien cette étape, laissez-le pousser un élément roulant pour qu'il apprivoise les étapes suivantes de l'équilibre.

→ Retenez-vous autant que possible de lui donner la main pour marcher, et ce dès le début, il sentira mieux son point d'équilibre par lui-même.

- **Quand votre enfant se met à marcher,** laissez-le courir et se promener au maximum.

→ C'est l'âge où il aime moins être en poussette ; il veut explorer lui-même son environnement ! Cela coïncide souvent avec un changement de rythme ; l'enfant a moins sommeil et plus envie de se dépenser physiquement.

→ Se retenir de bouger lui demande beaucoup d'attention et donc d'énergie. Pour l'aider, dirigez ses mouvements vers des buts et, sinon, choisissez des lieux où votre enfant peut marcher et courir à sa guise.

- **Vers 1 ½ -2 ans,** ou selon sa coordination et son équilibre, il peut commencer le tricycle et la trottinette.

- **À 4-5 ans, il va chercher à complexifier ses mouvements.**

→ Introduisez des jeux de balles, de raquettes, ou des activités complexes comme l'équitation, la danse, etc.

→ En promenade, il peut tester son équilibre sur des murets et grimper partout ! Laissez-le faire !

Montrez l'exemple ; un parent qui bouge favorisera cette bonne habitude chez l'enfant !

• **Mettez de la musique et dansez !** Cela met tout le monde de bonne humeur et cela calme les tensions.

• **Dans les endroits où on ne peut pas courir en tous sens,** organisez-vous avant et donnez-lui des instructions. Par exemple au supermarché :

→ Soit il peut se déplacer avec un but, s'il est assez grand ; demandez-lui alors d'aller chercher un aliment à la fois et de venir le déposer dans le panier.

→ Soit il a pour consigne de vous donner la main.

→ Soit il est installé dans une poussette ou un caddie ; on peut lui demander de tenir la liste des courses ou de mettre les produits dans le caddie. Il aura le sentiment d'être utile.

• **Sortez autant que possible !** Laissez votre enfant jouer et courir en s'époumonant. Comme on le dit parfois, « il n'y a pas de mauvais temps, il n'y a que de mauvais habits » !

→ Il pleut ? Équipez-vous et sortez pour le faire sauter dans les flaques d'eau.

→ Il neige ? Sortez un moment faire des glissades ou des bonshommes de neige.

→ Il vente ? Faites un petit tour pour voir les feuilles des arbres s'envoler.

Les enfants adorent tourner le plus vite possible ; pour la bonne raison que cela recharge leur attention !

LE SAVIEZ-VOUS ?

Le système vestibulaire contribue au développement de la pensée de l'enfant et de son attention ; c'est pourquoi **les enfants adorent les mouvements rotatifs,** comme les bercements, les tours sur eux-mêmes, les manèges, les tourniquets, etc.

FICHE 6 J'aide mon enfant à maîtriser son corps
FICHE 7 Je laisse mon enfant avoir des pauses

J'aide mon enfant à maîtriser son corps

POURQUOI ?

- **Le cerveau est encore très immature à la naissance.** Cela lui permet de se façonner en fonction de la culture et de l'environnement dans lequel l'enfant naît. Ainsi, les régions du cerveau qui permettent **la maîtrise de notre corps** se développent **très lentement** !

- Maria Montessori avait donc conçu sa pédagogie de manière à entraîner la maîtrise corporelle des enfants progressivement !
  → **Pour la coordination du corps :** déplacements libres mais dirigés vers un but (marcher sur une ellipse, faire des moments immobiles et de silence).
  → **Pour la motricité fine :** assouplissement du poignet, préparation des doigts à prendre un crayon, exercices indirects de ces gestes comme boutonner, coudre, visser un boulon.

COMMENT FAIRE À LA MAISON ?

- **Comme nous avons automatisé nombre de gestes,** nous avons tendance à oublier que les enfants souvent ne savent pas comment s'y prendre !

- **Au lieu de vous énerver, prenez le temps de montrer à votre enfant le geste juste sans parler** (monter et descendre des marches sans tomber, tenir une fourchette correctement, attraper une petite pièce, etc.), et demandez-lui de le faire. Au besoin, remontrez-lui. Il doit s'entraîner !

AU QUOTIDIEN

• **Plus les gestes seront délicats et complexes, plus votre enfant développera la maîtrise de son corps.** Si c'est difficile pour lui, souvenez-vous d'isoler une difficulté à la fois.

→ **Laissez-le bouger !** Il entraîne son équilibre et sa coordination. Et pourquoi pas danser avec lui ! C'est une bonne manière de coordonner ses mouvements !

→ **Proposez des objets et jeux de manipulation :** des boîtes à ouvrir-fermer, des perles à enfiler, des sous à glisser dans une tirelire, des graines à transvaser, etc.

Le jeune enfant aime transvaser des graines. Soyez patient un jour, il n'y en aura plus à côté !

→ **Utilisez le quotidien** comme support au développement de sa motricité fine : laissez-le fermer sa veste à fermeture Éclair, boutonner son cardigan (ou le vôtre), dévisser et visser le tube de dentifrice, etc.

→ **Proposez des activités de coloriage ou de bricolage :** elles développent la maîtrise des gestes (commencer et s'arrêter à temps, découper, coller).

Bricoler, c'est aussi développer sa motricité fine.

→ **Entraînez sa maîtrise corporelle par des jeux ou de petites tâches :**

- Jouez à la statue avec lui (quand la musique s'arrête, tout mouvement est interdit).
- Demandez-lui d'arroser les plantes : il devra alors marcher avec précaution pour ne pas renverser l'eau.
- Demandez-lui d'apporter le plateau avec les verres à table : il devra contrôler ses mouvements.

FOCUS PROPRETÉ

Il n'y a pas un âge pour la propreté... C'est le bon moment le jour où votre enfant a acquis une certaine aisance dans la marche, et maîtrise les escaliers !

Les petits accidents ne sont pas volontaires ! L'enfant est le premier gêné. Il est important de ne pas faire de remarque négative, qui peut interférer avec l'apprentissage de la propreté et même le ralentir.

FICHE 5 Je laisse bouger mon enfant
FICHE 8 Je laisse mon enfant se concentrer

Je laisse mon enfant avoir des pauses

POURQUOI ?

- **Le cerveau ne s'arrête jamais !** Même quand nous avons l'impression de ne rien faire, ou que nous dormons, le cerveau opère un grand travail, nécessaire et important. Il utilise ces moments de repos **afin d'intégrer, assimiler, mettre en perspective et en lien** les informations traitées auparavant.

- De façon naturelle, nous avons par moments « la tête ailleurs », nous « rêvons », et tant mieux ! **Cela nous permet d'être plus efficace après.** C'est à ce rythme-là que se construisent les connaissances. Nous emmagasinons des connaissances, puis les digérons.

- Comme nous ne souhaitons pas nous remettre à table après un délicieux repas, il en va de même pour notre cerveau. L'attention n'est plus disponible pour l'extérieur, elle est toute à son affaire d'intégration !

- Dans la pédagogie Montessori, **l'enfant est libre de suivre son rythme.** C'est-à-dire qu'à sa convenance il peut prendre des moments de pause, s'arrêter, rêver pour un temps variable, puis se remettre au travail.

COMMENT FAIRE À LA MAISON ?

- **Votre enfant parle tout le temps,** vous demande de jouer avec lui, veut que vous restiez vers lui, aimerait regarder la télévision ou écouter de la musique tout le temps ? Ou alors il se plaint qu'il s'ennuie et ne sait pas quoi faire ? Ou encore il devient grincheux ou nerveux ?

• **Il est peut-être temps de développer chez lui des moments de pause, pour le plaisir de ne rien faire :**

→ D'être au calme et de jouer un peu seul afin de retrouver des moments de rêveries sereines.

→ De prendre le temps d'admirer un paysage, de sentir les odeurs en promenade, d'écouter le silence.

→ Bref… **de ralentir.**

• **Pour ce faire, gérez moins les activités de votre enfant,** afin qu'il le fasse lui-même : qu'il ait des moments de pause ou d'ennui apparent, et qu'il se mette à les apprécier. Vous serez même surpris de voir combien il aimera « ne rien faire ».

AU QUOTIDIEN

• **Ne surstimulez pas votre enfant !** Nous pensons bien faire en accumulant les activités, alors que votre enfant adorerait tout autant ne rien faire par moments, ou simplement jouer à la maison ou dehors.

• **Laissez-le libre de jouer,** car il va rythmer ses activités selon ses besoins.

L'enfant laissé libre s'octroie des moments de pause spontanés, souvent dans une position permettant aux tensions de se relâcher.

- **S'il a un doudou, ne le lui ôtez pas !** Dans les moments où il le prend, il est très probable qu'il veuille se reposer.

- **S'il parle tout seul, n'intervenez pas et ne riez pas.** Il suffit de ne pas y prêter attention, sans doute assimile-t-il à sa manière ses dernières expériences.

- **Assurez un climat calme et serein** à la maison, pour que l'enfant ait l'opportunité de laisser son attention vaquer à rien. **Si vous avez une famille nombreuse ?** Assurez-vous que votre enfant ait accès à une pièce calme où aller s'il en a l'envie. Certains enfants toutefois se reposent au milieu du brouhaha sans y prêter attention !

- **Observez votre enfant afin de comprendre quelle est sa sensibilité au groupe/à la foule :** a-t-il besoin d'être seul par moments ? Ne le forcez pas à rester avec les autres.

LE SAVIEZ-VOUS ?

Une étude a montré qu'il existe **un lien entre la pensée créative et la capacité à avoir *l'esprit vagabond*.** D'ailleurs, les meilleures idées ne vous viennent-elles pas lorsque vous faites quelque chose de tout à fait habituel et qui vous laisse l'esprit libre ?

FICHE 26 Je laisse mon enfant être créatif
FICHE 28 J'évite de stresser mon enfant

Je laisse mon enfant se concentrer

POURQUOI ?

- **La concentration est d'une importance capitale.** C'est surtout lors d'une attention focalisée que les apprentissages se font ! Développer cette compétence est essentiel, et c'est d'autant plus vrai que le monde actuel offre des possibilités de distractions multipliées.

- **La capacité de concentration est liée au développement du cerveau.** Cela demande **d'ignorer (inhiber)** certaines informations pour ne pas se laisser distraire, et **de persévérer** dans une tâche (se souvenir pour quoi nous faisons quelque chose, tout en connaissant la séquence des actions à effectuer).

- Il faut donc que l'enfant soit apte à garder en mémoire le but final et à enchaîner les mouvements adéquats ! Tout cela est en lien avec une région cérébrale, le cortex préfrontal, qui mature au cours des jeunes années, jusqu'à l'âge adulte.

- L'approche Montessori donne à l'enfant **une concentration profonde de façon naturelle.**
  → Chaque enfant travaille sur une activité qui répond à un intérêt profond.
  → Les enfants font des *temps de silence*.
  → Ils marchent sur une ellipse sans faire de bruit.
  → Ils ont accès à de longues périodes de travail ininterrompues.
  → Ils utilisent du matériel qui fait appel à l'affinement de leurs sens (apprendre à être conscient de ce que l'on fait via les sens développe la concentration).
  → Il règne un climat de classe serein et calme.

COMMENT FAIRE À LA MAISON ?

- **Ayez la patience d'attendre** que votre enfant termine son activité de lui-même, pour favoriser le développement de sa concentration !
- **Retenez-vous de l'interrompre,** dans la mesure du possible.
- **Ne stressez pas** votre enfant, laissez-lui du temps pour terminer ce qu'il fait.

Chercher des cailloux parmi les cailloux est une activité spontanée qui développe la concentration, surtout si l'adulte ne s'en mêle pas !

AU QUOTIDIEN

- **Facilitez l'attention de votre enfant :**

→ **Ne surchargez pas son attention : une chose à la fois !** Si vous lui demandez de mettre ses chaussures, laissez-le les attacher tranquillement sans lui parler en même temps. Il vaut mieux lui donner une consigne à la fois, et attendre qu'il l'ait exécutée pour passer à la suite.

→ **Pour éviter d'être toujours pressé, levez votre enfant plus tôt et vous… aussi !** Organisez les départs pour la crèche ou l'école en prévoyant assez de temps.

→ **Éteignez les écrans ou la musique,** trop de stimuli perturbent un enfant.

→ **Limitez le temps passé à regarder la télévision.** C'est en général une attention passive qui est déployée (votre enfant subit ce qu'il regarde) ; de plus cela génère une tension, car les images défilent très vite et les contenus sont très abstraits (votre enfant ne comprend pas tout).

→ **Encouragez-le à jouer dehors** ; les mouvements vont stimuler le système vestibulaire et cela contribuera à recharger les batteries attentionnelles.

- **Développez sa concentration :**

→ **Incitez votre enfant à sentir ce qu'il se passe.** Ce seront autant d'occasions de se calmer et de porter son attention sur une chose précise, pour des temps de plus en plus longs :

- Sur les bruits que l'on entend dehors, en pointant votre oreille pour qu'il comprenne où porter son attention.
- Sur la température, la texture de l'herbe humide ou du sable quand on marche pieds nus, etc.

→ **Improvisez des moments *sans mots*,** où le silence doit durer aussi longtemps que possible. Votre enfant se concentrera plus sur ce qu'il fait pendant des moments de silence.

→ **Choisissez des jeux « ouverts » :** bâtonnets à empiler, circuit de train, maison de poupée… tout ce qui fera appel à de l'exploration !

→ **Si votre enfant joue de manière très constructive et concentrée avec un autre enfant,** ne vous en mêlez pas, et ne les stoppez pas ! L'heure du coucher peut attendre 10 minutes, ce que votre enfant ressent lui permettra de bien dormir !

- **N'interrompez pas sa concentration :**
  → **Prévenez-le en avance,** pour qu'il se prépare à sortir de sa concentration.
  → **Ne changez pas de jeux trop souvent sous prétexte qu'il ne s'y intéresse plus trop !** Ne succombez pas au zapping pour gagner un peu de calme ! Vous aurez certes un effet à court terme ; votre enfant semblera occupé, mais il ne développera pas une curiosité à explorer plus attentivement ce qu'il connaît déjà.
  → **Gardez peu d'objets et de jeux à disposition ;** s'il y en a trop, l'enfant peut être distrait et non plus attiré.
  → **Essayez de ne pas interrompre votre enfant** lorsqu'il est absorbé par son livre ou son jeu, de manière active.

Mettez à disposition le matériel et laissez votre enfant se concentrer sur ses gestes minutieux !

FICHE 6 J'aide mon enfant à maîtriser son corps
FICHE 7 Je laisse mon enfant avoir des pauses

Chapitre 2

La quête d'autonomie

J'apprends à mon enfant à faire des choix

POURQUOI ?

- À une époque où l'enfant était vu comme une page blanche à remplir ou un sauvage à dresser, Maria Montessori avait compris que l'enfant est **un être à part entière**, doté de compétences en maturation. D'où l'importance dans sa pédagogie du libre choix par l'enfant de ses activités. **Avec la liberté du choix vient la responsabilité de ce choix ;** l'enfant agit alors avec discernement.

- **Nous choisissons sans cesse,** de manière réfléchie ou automatique, grâce à notre système cérébral de prise de décision. Faire des choix, et en être responsable, est un aspect essentiel de notre vie, de notre liberté. Mais **cela s'apprend** et prend beaucoup de temps.

  → Cette aptitude dépend d'une partie du cerveau, qui finit **sa maturation** à l'âge adulte.

  → C'est une étape importante, car, lorsqu'il s'agit **d'un choix conscient,** nous nous sentons **concernés.**

LE SAVIEZ-VOUS ?

La prise de décision fait appel à des régions cérébrales qui demandent de **l'attention**. Aussi, un enfant trop fatigué, qui a faim ou soif, ne pourra plus faire de choix ! Dans ces situations-là, il faut décider à sa place ce qui est bon pour lui.

COMMENT FAIRE À LA MAISON ?

● « Non, je ne veux pas ! » ; « Moi aussi je veux ! » ; « Non, moi j'aime pas ça ! » ; « J'en veux encore ! » Que se passe-t-il ? Votre enfant demande à choisir lui aussi. Pourquoi ? Il entraîne ainsi la partie de son cerveau responsable des choix et qui est en pleine maturation.

● **Mais attention ! Choisir, ce n'est pas faire tout ce dont on a envie.** Adulte, nous avons beaucoup de décisions à prendre, mais parfois nous n'avons pas le choix et devons faire les choses coûte que coûte. Il en va de même pour votre enfant, qui doit aussi **savoir suivre l'adulte sans négocier.** En effet, c'est à l'adulte de rester **le référent** et de guider l'enfant dans son apprentissage du choix.

AU QUOTIDIEN

● **Dès les premiers mois, impliquez votre enfant dans des processus décisionnels** en lui expliquant ce que vous faites et pourquoi.

→ **Dites à voix haute** pourquoi vous prenez certains partis pour lui :

- « Oh ! Dehors il y a de la pluie, et comme ça mouille, je te mets des bottes. »

→ **Commentez vos actions,** même celles qui en principe ne le concernent pas :

- « Je mets les habits blancs ici, et les habits de couleur de l'autre côté. Ainsi, cela ne déteindra pas dans la machine. »

→ **Énoncez vos valeurs :** il va imprimer ce que vous dites et ce qu'il observe, même s'il ne comprend pas encore.

- « Je trie le papier parce que c'est bien pour la planète de réutiliser les déchets. »

- **Vers 9 mois, dès qu'il a la capacité d'interagir avec vous en pointant du doigt ou en parlant, offrez-lui des choix fermés** entre deux tenues vestimentaires, deux plats, deux options de sorties, etc.

- **Quand il est plus âgé, dès 2-3 ans :**

→ Laissez-lui un plus large éventail : choisir au restaurant parmi 3 desserts, des chaussettes dans un magasin, 2 activités l'après-midi, etc.

→ Si vous n'êtes pas d'accord avec votre enfant, expliquez-lui pourquoi. Votre enfant sera, plus souvent que vous ne le pensez, d'accord avec vous. Il a ainsi l'occasion d'apprendre à faire des choix avec discernement. Par exemple : « Non, ce jouet-là n'est pas de bonne qualité, regarde le plastique comme il est fin ! C'est dommage, je le trouve trop cher pour ce que c'est. Tu es d'accord, n'est-ce pas ? »

- **Lorsqu'un danger existe, expliquez-lui avec des mots simples les choix raisonnables à faire.**

→ Racontez-lui le jour où vous vous êtes brûlé avec de la cire de bougie ; il se fiera à votre témoignage et ne souhaitera pas tester par lui-même.

→ Dites-lui quelles sont les conséquences des actions dangereuses, telles que traverser la route sans faire attention, mettre les doigts dans une prise, etc.

Apprenez à votre enfant à se comporter de manière prudente !

- **L'enfant peut assumer les conséquences de certains de ses choix** sans risques ou sans danger :
  → Manger trop de chocolat et avoir mal au ventre.
  → Sortir un instant sans chaussettes et réaliser qu'il fait vraiment trop froid.
  → Faire du désordre et constater que c'est très long de ranger ensuite.

Nos recommandations deviendront alors plus concrètes pour lui.

- **Retenez-vous d'intervenir trop souvent !**
  → Laissez donc votre enfant choisir ses jeux et occupations à la maison, sans trop imposer vos choix ni vos goûts. Au fur et à mesure qu'il grandit, laissez-le faire tous les choix dont il peut être responsable.

FOCUS RESPONSABILITÉ

Votre enfant est **bien plus capable** que vous ne le croyez. Il faut cependant ajuster en permanence sa liberté de choix, jusqu'à ce qu'il devienne un jeune adulte.
En effet, **il n'a encore aucune vision globale et ne peut planifier les conséquences à long terme de ses actes.** C'est donc à l'adulte d'en assumer la responsabilité.

FICHE 24 J'aide mon enfant à raisonner
FICHE 29 Je prends mon enfant au sérieux

FICHE 10 J'encourage la répétition

POURQUOI ?

- Maria Montessori avait observé **ce plaisir inné de la répétition** chez les enfants. Dans sa pédagogie, les enfants sont libres **d'apprendre à leur rythme,** c'est-à-dire qu'ils peuvent répéter à leur guise une activité jusqu'à ce que l'apprentissage soit acquis.

- Votre enfant aime les mêmes histoires, il veut que l'on fasse la même blague pour rire encore, il refait le même jeu sans cesse :
  - → Apprendre, c'est faire **des connexions** entre plusieurs neurones.
  - → Ces connexions peuvent être rapides, mais, la plupart du temps, il est nécessaire de **les consolider par la répétition.**
  - → Ce besoin de répétition pour renforcer une connaissance est **unique et propre à chaque enfant.**
    - Certains enfants auront besoin de peu de répétition avant de maîtriser la marche, mais plus pour le langage.
    - Beaucoup d'enfants apprennent en testant jusqu'à acquérir le geste exact, tandis que d'autres observent et feront le bon geste du premier coup !

FOCUS LA RÉPÉTITION, EST-CE TOUJOURS CONSTRUCTIF ?

Certains enfants répètent des activités connues **par confort** ou **par peur** d'aller de l'avant. Dans ce cas, il est bien de les **encourager à explorer** de nouvelles voies !

COMMENT FAIRE À LA MAISON ?

- Lorsque votre enfant découvre une nouveauté, il va vivre **un moment de surprise.** Il aura envie de ressentir ce plaisir à nouveau et le formule, dès qu'il sait parler, par **« Encore ! »** Suivez ses demandes avec patience et regardez comme ses envies et ses besoins évoluent.

- **Témoignez,** racontez-lui que vous aussi vous avez dû apprendre.

AU QUOTIDIEN

- **Suivez le rythme de votre enfant :** s'il souhaite répéter une activité, accordez-lui le temps nécessaire. Soyez patient et souvenez-vous que cela le construit.

L'enfant qui commence à maîtriser la marche est attiré par les escaliers ; laissez-le s'y entraîner à monter-descendre.

→ Il souhaite changer plusieurs fois de chaussettes au cours d'une journée, car il a découvert comment les enfiler.

→ Il découvre que l'eau coule et se transvase, mais il n'a pas encore la motricité pour bien le faire : prévenez les accidents éventuels en disposant une serviette de bain sous ses pieds et laissez-le faire ; il découvre et ajuste ses gestes.

→ Ramassez autant de fois que nécessaire le doudou qu'il fait tomber devant vous, car cela ne durera pas. Une fois toutes les subtilités du geste imprimées dans son cerveau, un nouvel intérêt naîtra.

→ S'il chante la même chanson en boucle, ne le critiquez pas et écoutez ! Il en apprend les mots, le sens, la mélodie.

- **Encouragez l'effort fourni par la répétition ;** votre enfant développera ainsi sa persévérance et sa concentration. Lorsqu'il ne réussit pas du premier coup, rappelez-lui que c'est une question d'entraînement et que bientôt il trouvera cela très facile.

→ Il n'arrive pas à manger proprement avec une fourchette ? Montrez-lui comment bien la tenir. S'il se corrige, complimentez-le.

→ Il arrive à nager sans brassards ? Félicitez-le de tous ses efforts.

Transvaser est une activité qui peut absorber l'enfant de longues minutes. Laissez-le répéter ce geste tant qu'il le fait de manière constructive.

LE SAVIEZ-VOUS ?

Encourager l'effort a plus d'effets à long terme que de louer les résultats obtenus ou de valoriser l'intelligence. En effet, si votre enfant réalise que l'on apprend en travaillant, il aura le sentiment de pouvoir surmonter toutes les difficultés rencontrées !

- **Prenez en compte ce qu'implique la répétition et anticipez les changements :** avertissez votre enfant qu'il devra bientôt arrêter son activité.
  - → Au parc, signalez-lui assez tôt qu'il est bientôt l'heure de partir et d'arrêter le jeu.
  - → Le soir, prévoyez assez de temps pour chaque étape de votre routine.

- **Répétez les informations ;** votre enfant a besoin d'entendre plusieurs fois une information avant de l'enregistrer et d'en comprendre la raison. Par exemple :
  - → Il doit se brosser les dents avant d'aller au lit.
  - → Il doit se laver les mains avant un repas.
  - → Il doit dire bonjour, au revoir.

- **Racontez-lui à plusieurs reprises le déroulement d'un événement à venir ou passé,** il le mémorisera d'autant mieux. Exprimer de façon répétée ce que l'on vit apaise les émotions fortes.
  - → Par exemple, décrivez-lui sa chute à vélo, pourquoi il est tombé et comment vous avez soigné son genou.

FICHE 13 Je laisse mon enfant faire des erreurs
FICHE 14 J'aide mon enfant à se corriger

Je me souviens que mon enfant observe tout !

POURQUOI ?

• L'être humain a évolué de telle manière qu'en général **la vue est notre sens dominant.** Tout ce qui concerne les actions et l'espace est traité en premier par nos yeux. Nous nous basons beaucoup sur les informations visuelles pour catégoriser, évaluer, comprendre et apprendre de notre environnement. De plus, les mêmes régions cérébrales s'activent chez la personne qui observe le geste et celle qui le fait ! **On apprend en observant !**

• Maria Montessori avait vu combien **l'enfant apprend en observant.** C'est pourquoi les enseignants Montessori sont formés à prendre un soin particulier de leur apparence, de leurs gestes et de leurs comportements. C'est pour cette raison aussi que l'environnement scolaire doit être attrayant (sans distraire) et ordonné.

COMMENT FAIRE À LA MAISON ?

• **L'enfant aime observer :**

→ **Mettez-le à la bonne hauteur** pour qu'il ait accès aux informations visuelles.

→ **Mettez-vous à sa hauteur** lorsque vous avez des informations importantes à lui communiquer, il observera aussi vos lèvres et les émotions que révèle votre visage.

Ayez un escabeau pour que votre enfant puisse voir ce que vous faites et participer.

En effet, nous oublions parfois que, vues d'en bas, nos expressions faciales ne sont pas toujours faciles à comprendre pour l'enfant !

- **Les stimuli de la vie courante sont en soi suffisamment riches :** il n'est pas nécessaire d'en rajouter ! Trop de stimuli vont tendre à distraire votre enfant, qui ne saura plus où donner de la tête.

AU QUOTIDIEN

- **Prenez sa place lors de certaines activités pour comprendre ce que votre enfant voit et pour adapter sa position.**
  - → Essayez d'imaginer ce que voit votre bébé depuis son berceau, et adaptez l'emplacement au besoin. Souvenez-vous qu'au début il voit net à 20 centimètres environ.
  - → Lors d'une promenade en poussette, vérifiez que son point de vue est aussi intéressant que le vôtre.
  - → Dans une foule, portez votre enfant sur vos épaules, sinon il ne verra rien !

L'attention de votre bébé sera aidée s'il y a peu de stimuli et vérifiez que ce qu'il voit est agréable.

→ Lorsque vous payez dans un magasin, mettez-le à la hauteur de la caisse, pour qu'il voie les opérations.

→ À un spectacle, assurez-vous qu'il est bien placé pour voir la scène.

- **Mettez les objets à sa hauteur :**

→ Dès 1 an, laissez à portée de main dans la salle de bains le verre à eau, la brosse à dents et le dentifrice, au besoin grâce à un marchepied. Votre enfant aura d'autant plus envie de se brosser les dents que le matériel est accessible de manière autonome !

Adaptez l'environnement à la taille de l'enfant autant que possible.

→ Dès 1 ½ -2 ans, rangez les couverts, les assiettes et les verres afin qu'ils soient d'un accès facile.

→ Au même âge, disposez les vêtements pour la journée sur une chaise à sa hauteur, dans l'ordre où il doit les enfiler : la culotte, à côté le pantalon, et le pull. Il comprendra la séquence d'actions à faire ! Le soir, montrez-lui où mettre les vêtements sales.

- **Donnez des indications visuelles lorsque vous lui demandez quelque chose.**

→ Amorcez vos demandes positivement avec une question « Tu vois le lave-vaisselle ? Tu arrives à l'ouvrir et à y mettre ton assiette ? » cela fonctionne mieux que les sous-entendus, comme « Tu penses laisser traîner ton assiette ici ? »

→ Donnez-lui des indices visuels lorsqu'il cherche un objet : « Regarde si tu vois tes chaussons vers le panier. » C'est plus facile pour votre enfant que d'entendre « là-bas » ou « tu ne trouves jamais rien ! »

→ Pointez du doigt pour orienter son regard, et faites de petits jeux avec lui en lui demandant de pointer lui aussi vers des objets, des parties de son corps, des animaux etc.

- **Montrez l'exemple.** Votre enfant reproduira vos comportements et non vos conseils.

→ Attention aux comportements contradictoires ! Lui arracher un objet des mains et exiger de lui qu'il ne le fasse pas à un petit copain ; hurler en demandant qu'il arrête de crier ; ne pas lui répondre quand il vous demande quelque chose et vous fâcher s'il fait de même ! **Les enfants imitent ce qu'ils observent et non les conseils qu'on leur donne !**

→ Assurez-vous que vous appliquez vous-mêmes vos demandes : vous souhaitez que votre enfant range sa chambre, mais votre chambre est-elle rangée ? Vous pressez votre enfant au moment du départ, mais êtes-vous vous-mêmes prêt ? Votre enfant râle et cela vous énerve, mais vous, êtes-vous de bonne humeur ? Il est toujours bien de vérifier notre comportement au passage !

FICHE 12 J'observe mon enfant imiter
FICHE 14 J'aide mon enfant à se corriger

FICHE 12

J'observe mon enfant imiter

POURQUOI ?

- Maria Montessori avait utilisé intuitivement cette compétence innée dans sa pédagogie en proposant des **apprentissages basés sur l'observation avant l'action.** Quand une classe comporte des enfants d'âges différents, chaque enfant peut toujours voir d'autres enfants en avance sur lui en action, ce qui stimule de façon naturelle son envie de progresser en les imitant.

- L'imitation nous permet d'assimiler vite notre culture et de nous y adapter ! **Ce que nous observons active notre cerveau de la même façon que si nous le faisions nous-mêmes.** C'est pourquoi votre enfant reproduit les gestes et actions qu'il observe, et ceci **dès ses premiers jours sur terre !** Aviez-vous remarqué comme, déjà nouveau-né, votre enfant répondait à vos sourires ?

COMMENT FAIRE À LA MAISON ?

- **Les enfants aiment imiter nos gestes !** Ils veulent faire comme nous ; ils préfèrent donc de loin faire « pour de vrai » plutôt que jouer « pour de faux ».
  - → Par exemple, servir de l'eau dans des verres à table au lieu de jouer à la dînette.
  - → Se mettre de la crème pour de vrai sur le visage, le matin au réveil ou le soir.
  - → Confectionner des glaçons, des crêpes, un gâteau.
  - → Appliquer du désinfectant et un sparadrap soi-même sur la blessure d'une personne.
  - → Donner de vrais euros à la caisse ou au café.

Laissez votre enfant emprunter certains de vos objets et regardez comment il vous imite !

- **Ils imitent aussi nos paroles.** Le vocabulaire utilisé est donc très important.
  - → Donnez aux objets leur nom exact.
  - → Amusez-vous à décrire de manière précise ce que vous dites.
  - → Prenez l'habitude d'exprimer votre énervement de manière courtoise !

AU QUOTIDIEN

- **Incluez votre enfant dans vos activités quotidiennes.** Il peut vous aider à cuisiner, à nettoyer, à repasser, à faire les courses, etc., selon ses capacités, de manière à ce qu'il réussisse. Il se sentira fier et responsable.
  - → **Vers 9 mois,** dès que votre enfant tient assis, il peut éponger des gouttes d'eau sur le sol avec un petit chiffon, ou ranger des pièces de jeu dans un panier.
  - → **Vers 2 ans,** dès que votre enfant a une bonne maîtrise de ses gestes, il peut éplucher les carottes, ou couper des concombres.

→ **Vers 5-6 ans,** il peut vous aider dans les magasins en allant chercher certains aliments lui-même.

Quand l'occasion se présente, laissez-le faire pour de vrai !

- **Donnez des tâches comportant une certaine difficulté !** C'est ce qui attirera votre enfant.
  → Lorsque l'enfant marche bien, il pourra arroser les plantes avec un vrai arrosoir.
  → Vers 5-6 ans, dès qu'il aura une bonne maîtrise de son corps, on pourra même le laisser allumer une bougie tout seul, tout en lui expliquant les règles de sécurité.

- **Votre enfant imite aussi ses frères et sœurs, et ses pairs.**
  → Rappelez aux grands qu'ils doivent montrer l'exemple ! Encouragez les rencontres avec les enfants qui ont des comportements adéquats ; cela stimulera votre enfant.
  → Si un verre se casse de temps en temps, n'oubliez pas que cela fait partie du processus d'apprentissage ; la prochaine fois, de lui-même il fera plus attention, sans que vous ayez à le lui signaler.

→ En cas d'accidents, montrez-lui comment les réparer avec une pelle et balayette, une serpillière, ou un balai. On peut en trouver à sa taille et les laisser accessibles.

• **Donnez-lui des objets délicats à manipuler** (verres cassables, assiettes en porcelaine, appareil photo, etc.) et beaux (cela sera d'autant plus attrayant pour l'enfant).

Votre enfant est fier d'utiliser des appareils délicats.

→ Montrez-lui comment bien les utiliser. Ses capacités motrices et ses sens vont être entraînés, et, sachant que c'est fragile, il y portera une attention particulière.

LE SAVIEZ-VOUS ?

L'enfant imite ce qu'il observe, en direct ou via **des images sur écran**. Il faut donc prêter une attention particulière aux contenus que diffusent les écrans. En effet, l'enfant peut aussi imiter les personnages fictifs, car, avant l'âge de 8 ans environ, il a de la peine à distinguer le réel de l'imaginaire.

FICHE 9 J'apprends à mon enfant à faire des choix
FICHE 33 Je transmets les codes sociaux à mon enfant

FICHE 13

Je laisse mon enfant faire des erreurs

POURQUOI ?

- Maria Montessori avait utilisé cette force innée de **l'apprentissage par essai-erreur** dans tous les matériels qu'elle avait développés ; ils sont **autocorrectifs**. L'enfant voit qu'il a fait une erreur et il va chercher de lui-même la solution. Au-delà du matériel, l'adulte se retient d'intervenir, d'agir à la place de l'enfant.

- **Les erreurs sont source d'apprentissage.** En effet, lorsque nous nous trompons, notre cerveau génère **un signal de surprise** : il n'avait pas prédit cela. Il s'ensuit **une attention particulière**, qui nous permet de comprendre et d'apprendre. Si nous développons la peur de commettre une erreur, nous sommes ralentis dans nos processus d'apprentissage.

COMMENT FAIRE À LA MAISON ?

- **Votre enfant est enclin à explorer son environnement ;** il va essayer, tester, manipuler ce qu'il rencontre afin de comprendre et d'apprendre.

→ **Si la situation ne présente pas de danger, essayez d'intervenir le moins possible.**

- S'il se chausse ou s'habille à l'envers, laissez-le. Il aura l'occasion de réaliser son erreur.
- S'il a mal fermé son biberon, n'intervenez pas. L'eau va couler doucement, et il cherchera à comprendre pourquoi !

→ **Lorsqu'il se trompe, attendez de voir s'il s'en rend compte tout seul et se corrige.** Sinon, montrez-lui comment faire. Si nous lui évitons l'étape de l'erreur – et nous le faisons souvent pour notre propre confort ou pour aller plus vite –, votre enfant ne réalisera pas alors à quoi faire attention par la suite, ni pourquoi.

Son circuit à billes ne fonctionne pas ? Laissez-lui du temps pour réfléchir et tester de nouvelles façons de faire !

→ **Commettre une erreur n'est pas volontaire** et fait partie du processus d'apprentissage ; cela génère la motivation à résoudre la difficulté. Il est important de ne pas nommer les processus d'apprentissage des bêtises ! Votre enfant n'est pas bête, mais en cours de formation !

AU QUOTIDIEN

- Retenez-vous de prévenir les erreurs de votre enfant !

→ **L'effort que l'enfant fournira à ranger ou à nettoyer sera autant de temps qu'il passera à intégrer, à mémoriser et à comprendre l'incident.** Un verre d'eau que votre enfant va faire tomber ? Un pot de crayons que le coude de votre enfant va renverser ? Laissez-les tomber (à moins d'une grande valeur affective).

→ **Aidez-le à raisonner sur ce qu'il a vécu pour qu'il comprenne et développe l'anticipation.** Votre enfant plus âgé se fâche et déchire son dessin ? Discutez avec lui des conséquences de son action avec bienveillance.

→ **Si vous avez peur pour lui, cela l'empêchera d'apprendre sereinement.** Il apprend à faire du vélo, du ski, à grimper, à chanter, à nager ? Regardez ailleurs, ou mieux, déléguez ! Nous transmettons des informations émotionnelles qui impactent l'enfant qui apprend.

Apprendre, c'est tomber, se relever et recommencer !

→ **Rappelez-lui que cela fait partie du processus normal de l'apprentissage de tomber.** Votre enfant apprend à skier et se fait mal ? Dites-lui que vous aussi vous êtes beaucoup tombé quand vous avez commencé ! Dites-lui aussi que vous savez qu'il va y arriver.

→ **Aidez-le à franchir chaque étape, en isolant les difficultés.** Il fait du patin à glace pour la première fois ? Au début, trouver un support sur lequel il peut s'appuyer en se déplaçant. Quand il aura acquis le déplacement sur la glace, vous pourrez lui tenir la main, de manière à ce qu'il perçoive ses acquisitions.

→ **Aidez-le en séparant l'information :** s'il apprend à nager, montrez-lui les mouvements des pieds d'abord. Quand il maîtrise bien le bas de son corps, montrez-lui la séquence des bras, etc.

FICHE 2 Je soigne la motivation intrinsèque de mon enfant

FICHE 18 Je laisse mon enfant explorer la causalité

FICHE 14

J'aide mon enfant à se corriger

POURQUOI ?

• Lorsque nous observons nos enfants, nous constatons qu'ils se trompent beaucoup et **qu'ils n'en font pas toute une histoire !** Que ce soit dans leurs mouvements (comme tomber par terre lorsqu'ils apprennent à marcher), dans leurs mots (mal prononcer un mot lorsqu'ils apprennent à parler), dans leur raisonnement, etc., **ils commettent des erreurs, et petit à petit se corrigent.**

• C'est grâce à ces erreurs-là qu'ils apprennent ; **cela génère une motivation, suffisante en soi, à s'améliorer.** En effet, le cerveau humain est fait pour résoudre des problèmes en trouvant des solutions !

• Maria Montessori avait compris que **le plaisir de l'enfant qui dépasse une difficulté par et pour lui-même est un sentiment constructeur.** Ses enseignants étaient formés à ne pas faire de commentaire, négatif ou positif, et à ne pas intervenir si l'enfant trouvait la solution par lui-même. Ils pouvaient le cas échéant remontrer l'action correcte à réaliser. Bien sûr, les enfants sont encouragés et les enseignants partagent la joie de l'enfant qui réussit ; l'enfant se sent accompagné !

COMMENT FAIRE À LA MAISON ?

• **Votre enfant a envie de faire juste et bien.** Il a besoin de temps pour se perfectionner et il ne cesse de rechercher l'amélioration ! Voici le type de difficultés que votre enfant peut rencontrer :

→ **Difficultés pratiques :** effacer les traits de crayon sur sa feuille sans la froisser, trier correctement les emballages, ouvrir sa veste ou son manteau, etc.

→ **Difficultés cognitives :** mal raisonner, comme penser que les petits chiens sont des chats, que quatre c'est plus que huit, ou mal prononcer un mot.

→ **Difficultés sociales :** ne plus savoir quel mot de politesse il est d'usage d'utiliser, taper en cas de frustration, déchirer son dessin et hurler.

• **Il est important de montrer l'exemple avant tout ; l'enfant adaptera son comportement petit à petit.** S'il vous voit résoudre vos propres difficultés dans la bonne humeur, c'est encore mieux !

→ Si vous rangez avec plaisir, il est fort probable que votre enfant associe à long terme ces gestes à la joie.

→ Reconnaissez vos erreurs à voix haute : « Je suis fatiguée, et je n'ai pas de patience, alors j'ai peut-être été injuste. »

→ Vous ratez le train ? Expliquez-lui le problème. Faites-le participer à la recherche d'une solution.

AU QUOTIDIEN

• **Transmettez à votre enfant des stratégies,** plutôt que des solutions pour qu'il puisse réussir seul une activité.

• **Retenez-vous de critiquer ses erreurs.** Sinon votre enfant va associer son action à quelque chose de négatif ; or, se tromper, c'est le meilleur moyen d'apprendre !

→ Que ce soient les habits ou les chaussures, laissez-les à l'envers si l'enfant les a mis ainsi, en lui mon-

Votre enfant essaie vos chaussures ou vos vêtements ? C'est qu'il s'entraîne pour lui-même.

trant pourquoi ils ne sont pas dans le bon sens. Il se corrigera de lui-même petit à petit.

→ S'il met mal le couvert, remontrez-lui où se trouvent la droite et la gauche !

→ S'il ne nomme pas bien un objet, redites le mot juste, sans rien ajouter.

FOCUS LANGAGE

Certains enfants qui apprennent à parler ont parfois de la difficulté à se faire comprendre. Sauf de nous autres parents ! Il est cependant important de répéter les mots de manière correcte pour qu'il se corrige, le plus tôt possible, sans mettre de pression.

Il faut se retenir de corriger un enfant qui peut le faire de lui-même, mais aussi lui dire ce qui est juste, avec bienveillance, sans faire semblant d'ignorer les comportements, les actions, les mots erronés.

FICHE 18 Je laisse mon enfant explorer la causalité
FICHE 31 Mon enfant apprend sans récompense ni punition

FICHE 15 Mon enfant aime l'ordre

POURQUOI ?

- Nous sommes bombardés de stimuli **en permanence,** que le cerveau traite consciemment ou non. Plus les informations sont **ordonnées et classées,** plus cette tâche est **aisée pour le cerveau.**

- **Dès la naissance, les bébés sont attirés par l'ordre.** Cela les sécurise. Très jeunes, les enfants passent donc souvent par une phase de rangement, où ils ordonnent tout ce qu'ils trouvent, avec une grande satisfaction.

- Maria Montessori avait observé que **les jeunes enfants étaient bien plus attirés par le rangement et l'entretien des matériels et des objets que par leur utilisation directe.** En effet, c'est plus tard, dès 3-4 ans, que l'enfant souhaite utiliser l'objet. Avant cela, il aime en prendre soin. C'est pourquoi les premières étapes de sa pédagogie portent sur l'apprentissage du soin de la personne et de l'environnement.

COMMENT FAIRE À LA MAISON ?

- **Commencez par ranger et garder de l'ordre chez vous,** montrez à votre enfant que vous aimez ordonner et rendre votre maison agréable. Il appréciera ce qu'il voit, se sentira rassuré, et, dès 1 an, il se mettra à vouloir ranger, remettre en place et nettoyer à son tour. Difficile d'exiger d'un enfant le rangement si vous ne montrez pas l'exemple…

- **Gardez des rangements logiques et simples d'accès :** des corbeilles, des boîtes, etc.

AU QUOTIDIEN

- **Dès ses premiers mois de vie : organisez l'espace !**

→ Harmonisez et épurez l'environnement.

→ Ayez un nombre restreint de jeux à disposition, et faites des rotations par périodes. Votre enfant saura mieux où les ranger et où les trouver.

→ Rangez les jouets de même nature ensemble.

- **Dès 1 an : invitez-le à s'organiser.**

→ Ranger, cela s'apprend ! Classez ses livres, ses jeux, ses affaires, selon une logique qu'il comprenne aussi. Et rangez ensemble ! Des boîtes transparentes avec des étiquettes (pourquoi pas à faire dessiner ou colorier par votre enfant) facilitent le rangement.

→ Invitez votre enfant à ranger une fois le jeu ou l'activité terminés.

→ Parfois, il ne range pas comme vous ? Il aime placer les chaussures d'une autre façon ? Laissez-lui la possibilité d'agir selon ses idées, si cela ne vous gêne pas trop. C'est une bonne chose que votre enfant développe son autonomie.

Des espaces de rangement organisé clairement aideront votre enfant à se repérer et à ranger à son tour.

→ Une bonne occupation est de vider le tiroir des couverts avec votre enfant, et de le laisser ranger ! Ordonner les couteaux, les cuillères, les fourchettes est une activité souvent très prenante à 2-3 ans.

→ Gardez à disposition un petit balai, et de petits instruments de nettoyage, il sera ravi de nettoyer en cas de besoin.

- **Dès 4 ans, il s'agit aussi d'organiser et de structurer sa pensée :**

→ Parlez du déroulement de la journée et de son organisation.

→ Demandez à votre enfant de faire son lit en lui expliquant combien cela fait plaisir de retrouver un lit bien fait le soir !

→ Sollicitez-le pour débarrasser la table et tout mettre dans le lave-vaisselle. Expliquez-lui combien c'est génial d'avoir une machine qui nettoie tout, pour autant que cela soit bien disposé.

→ Triez avec lui ses jouets, et réfléchissez ensemble à ceux qu'il n'utilise plus pour les inclure dans la rotation de jeux, ou pour en donner quelques-uns.

→ Aidez-le à structurer et à organiser ses idées quand il vous raconte une histoire.

Une corbeille pour ranger permet à votre enfant de facilement tout remettre en ordre une fois l'activité finie.

FICHE 16 J'aide mon enfant à classer
FICHE 24 J'aide mon enfant à raisonner

FICHE 16 J'aide mon enfant à classer

POURQUOI ?

- Plus les nouvelles connaissances acquises par le cerveau sont **organisées** et **structurées**, plus nous serons aptes à les retrouver et à les réutiliser **vite et bien**. Il est donc important d'offrir un environnement ordonné, pour que l'enfant apprenne à classer et à organiser ses apprentissages.
- Maria Montessori avait remarqué la tendance naturelle de l'enfant **au tri** (regrouper des éléments d'une même couleur par exemple) et **au classement** (faire un dégradé par exemple).
- Grâce **au matériel pédagogique** qu'elle a imaginé, l'enfant apprend et entraîne ses sens de manière à classer et à ordonner avec précision : du plus grand au plus petit, du plus lourd au plus léger, du plus clair au plus foncé, du plus large au plus étroit, etc.

COMMENT FAIRE À LA MAISON ?

- **Votre enfant passe par des phases où il ordonne et classe tout ce qui lui passe entre les mains.** Il va ainsi :
  - → Regrouper les billes par couleur.
  - → Aligner de manière systématique ses petites voitures.
  - → Détourner l'usage de certains jeux ou objets pour en faire des classements.

Le tri d'objets du quotidien est un passe-temps spontané chez les enfants dès 1 an !

• **N'intervenez pas et ne faites pas de commentaire négatif.** Au contraire, offrez des supports pour délimiter son activité s'il en a besoin.

AU QUOTIDIEN

• **Organisez les rangements en tenant compte des compétences de votre enfant.** Un environnement bien pensé l'aidera à structurer sa pensée.

→ Placez le linge sale à un endroit facile d'accès pour lui : il apprendra à trier le propre du sale.

→ Faites-lui assembler les chaussettes : non seulement il vous aidera, mais en plus il sera ravi de cette activité qui est utile.

→ Rendez les couverts accessibles pour qu'il puisse dresser la table et vider le lave-vaisselle en rangeant les couverts par catégories.

→ Inventez des activités s'il aime trier ! Sortez des bols, mélangez différents types de graines (haricots rouges, pois chiches, haricots mungos) et faites-le trier, à la main, les yeux fermés, avec une cuillère, avec une pince, etc.

• **Gardez dans sa chambre un espace organisé en « coins » :** les jouets à un endroit, les habits propres dans une armoire, les habits en cours d'utilisation sur des patères, un coin livres, un espace de repos.

Créez des « coins » qui invitent l'enfant à diverses activités.

• **Entraînez les sens de votre enfant pour développer ses capacités de classement en explorant :**

→ Les couleurs. Ayez une grande boîte de crayons de couleur et jouez à les ordonner ensemble, votre enfant de 3-4 ans va aimer les dégradés.

→ Les odeurs. À la cuisine, classez les épices selon les odeurs qu'il aime ou qu'il n'aime pas.

→ Les sons. Remplissez des bocaux opaques de différentes sortes de graines. Et secouez !

→ Les formes. Mélangez des graines dans de petits sacs, votre enfant devra les trier.

Spontanément, votre enfant trie selon les couleurs, les formes…

● **Emmenez-le dans des musées, à la bibliothèque, dans les magasins : là tout est classé et ordonné.**

→ Au musée d'histoire naturelle, faites-lui remarquer que les animaux sont regroupés par espèce, par exemple.

→ À la bibliothèque, expliquez-lui que les livres sont classés selon une logique. Il lui sera facile alors de s'orienter pour faire ses choix.

→ Au magasin, montrez-lui que toutes les pâtes se trouvent au même rayon. Quand votre enfant sera plus âgé, vous pourrez discuter de la raison de ce rangement.

La visite au musée doit rester un plaisir et n'a donc pas besoin de durer longtemps.

LE SAVIEZ-VOUS ?

Nous mémorisons avec aisance de petits « paquets » d'informations s'ils sont groupés par 3, 5 (jusqu'à 7 lorsque nous sommes adultes). C'est pourquoi nous aimons l'information groupée et avons tendance à classer et à organiser ce que nous voyons tous les jours.

FICHE 3 Je laisse mon enfant explorer avec ses sens
FICHE 24 J'aide mon enfant à raisonner

Je donne un contexte aux apprentissages

POURQUOI ?

• **Le cerveau humain est fait pour apprendre dans un contexte.** Nos agissements doivent avoir une raison. Nous avons besoin que les informations aient du sens pour :

→ Nous **sentir concernés** et donc **être attentifs.**

→ **Comprendre le pourquoi** et **le comment.**

→ **Mémoriser.**

→ **Généraliser** ce que l'on apprend.

• La pédagogie Montessori fait en sorte **que l'enfant comprenne en permanence ce qu'il fait.** Les activités sont basées sur du concret, des expériences réelles et s'inscrivent toujours dans un **contexte logique et cohérent.**

COMMENT FAIRE À LA MAISON ?

• **Le jeune enfant de moins de 5 ans, dont l'esprit d'abstraction n'est pas encore développé,** a besoin de comprendre *pourquoi*, *quand* et *comment* il doit agir. C'est-à-dire qu'il a besoin d'un contexte global pour construire son savoir. C'est pourquoi les informations *hors contexte* ne seront pas très bien mémorisées.

• **Le contexte réel et concret lui permettra d'apprendre très vite.**

→ Apprendre à parler une langue étrangère aura du sens pour lui s'il connaît une personne qui parle cette langue, ou s'il fait un voyage dans un pays étranger.

→ Il s'intéressera à la géographie de lui-même s'il sort explorer son environnement ! Nul besoin d'exotisme : une simple rivière le fera réfléchir à la provenance de l'eau.

→ Tenir correctement des outils s'apprendra rapidement, si vous associez votre enfant à de petits travaux de bricolage.

Vous faites des travaux ? Incluez votre enfant dans certaines tâches !

AU QUOTIDIEN

- **Vous souhaitez que votre enfant s'habille ?** Amenez-le vers l'endroit où ses habits sont rangés. Il passera ainsi d'une information abstraite à quelque chose de concret. Expliquez-lui que l'on ne peut pas sortir sans habits, car ils nous protègent du froid, de la pluie et du soleil. Au besoin, laissez-le aller faire un petit tour dehors, pour qu'il sente sur sa peau par exemple le froid qu'il fait.

- **Il est fasciné par les couteaux ?** Apprenez-lui à les utiliser (au départ avec des couteaux à bout rond) dès qu'il a une bonne maîtrise de ses mains, à la cuisine en préparant un repas, ou en mangeant !

- **Dès le plus jeune âge, apprenez-lui à adapter son comportement aux lieux où l'on se rend :** il assimilera très tôt le savoir-vivre et le savoir-faire.

  → À un spectacle, on s'assied calmement et on ne bouge ni ne parle le temps de la représentation.

  → À table, on discute ensemble en écoutant l'autre, on mange, puis on débarrasse.

→ À la bibliothèque, on se déplace en silence et on chuchote.

→ Au parc, on est libre de courir et de crier, mais on n'est pas obligés de hurler !

→ À un anniversaire, on apporte un petit cadeau et une jolie carte.

- **Pour étendre son vocabulaire : utilisez la vraie vie !**

→ Allez au zoo où vous nommerez les animaux.

→ En cuisine, prenez les vrais ustensiles et nommez-les.

→ Sortez pour découvrir les fleurs et les arbres.

Observez le ciel, les nuages, les oiseaux dans leur contexte, c'est mieux.

- **Il aime les lettres et les chiffres ?** Trouvez des livres à son niveau, montrez-lui tous les endroits où vous voyez des lettres ou des chiffres et racontez-lui à quoi cela sert : lire une histoire, trouver son chemin, des lieux, échanger des mots avec des gens, payer, etc.

- **Il commence à écrire ?** Trouvez du beau papier et écrivez des lettres ensemble, expliquez-lui que l'écriture sert à faire passer des messages sans parler !

- **Il commence à compter ?**
  → Donnez-lui une pièce pour acheter un ticket de manège, en lui montrant que savoir compter est utile dans la vraie vie ! Montrez-lui le chiffre sur la pièce : 2 euros correspondent à 1 ticket de manège. Plus on a de pièces, plus on peut faire de tours.
  → Comptez les bougies sur le gâteau aux anniversaires et expliquez-lui que cela représente l'âge de la personne.
  → Lors de son anniversaire ; racontez-lui l'histoire de sa vie : ce qui s'est passé depuis sa 1re année jusqu'à son âge actuel. On peut faire marcher l'enfant autour d'un globe terrestre : un tour représente une année.

- **Il refuse de faire une activité ? Mettez-la en contexte. Ou changez de contexte !**
  → Votre enfant refuse de goûter de nouveaux aliments ? Il changera d'avis si vous l'invitez à cuisiner avec vous.
  → Votre enfant refuse d'apprendre à boutonner son gilet ? Demandez-lui de vous aider à attacher votre propre cardigan. Il va vouloir vous aider et oubliera qu'il est en train de boutonner !

FICHE 24 J'aide mon enfant à raisonner
FICHE 27 J'aide mon enfant à accéder à l'abstraction

FICHE 18

Je laisse mon enfant explorer la causalité

POURQUOI ?

- **En cas de situation incertaine, notre cerveau fait des hypothèses,** qu'il va vouloir ensuite **vérifier et tester.** C'est comme cela que nous pouvons apprendre de notre environnement.
  → Vous pensez que votre soupe est trop chaude pour être portée à la bouche ? Vous faites une prédiction et ajustez donc votre mouvement : vous montez avec précaution la cuillère vers vos lèvres et testez si c'est vrai ou non.
  → Les enfants sont comme nous ! Ils font des hypothèses et souhaitent les vérifier. Comme leur connaissance du monde est moins grande, ils doivent tester plus de choses !

- Maria Montessori avait élaboré des matériels dits **autocorrectifs,** permettant à l'enfant de vérifier et de tester par lui-même ses hypothèses. Ainsi l'enfant construit sa connaissance sur des preuves concrètes.

LE SAVIEZ-VOUS ?

Le bébé a l'instinct de certaines lois de la physique ! En effet, si par trucage on fait « tomber » une balle dans le sens inverse de la gravité, le bébé regardera longtemps la scène pour tenter de comprendre ce qu'il se passe.

COMMENT FAIRE À LA MAISON ?

- **Votre enfant explore et teste en permanence : il répond à des questionnements intérieurs.** En l'absence de danger, laissez-le faire ! Il construit son raisonnement.

La peinture à doigts est fascinante pour l'enfant de moins d'un an : son doigt change de couleur, puis dessine ! Laissez-le explorer cette causalité !

AU QUOTIDIEN

- **Une activité est trop dangereuse pour être exercée sans adulte ?** Aidez votre enfant, montrez-lui comment bien la réaliser. Dites-lui que vous coopérerez avec lui à chaque fois avec plaisir. Sa curiosité sera satisfaite.

→ Par exemple, vous dites non à votre enfant qui souhaite brancher un appareil sur une prise électrique, et il le fait quand même ? C'est parce qu'il a une irrépressible envie de tester ce qu'il va se passer. Au lieu de lui donner une explication théorique qu'il ne peut comprendre, montrez-lui le bon geste.

- **L'activité est trop dangereuse tout court ?**

  → Mimez les conséquences en improvisant une saynette. S'il se penche par la fenêtre, expliquez-lui que sa tête est très lourde : mimez une chute et dites que cela fait très mal ! Cela deviendra plus compréhensible pour l'enfant.

  → Adaptez ensuite l'environnement : s'il fait mine de se pencher, c'est sans doute qu'il se demande ce qu'il se passe dehors ou d'où vient le bruit qu'il a entendu. Fermez bien la fenêtre d'où vient le bruit et portez-le pour qu'il puisse observer dehors.

- **L'activité peut faire mal à autrui ?** Montrez-lui sur lui-même ce que cela fait s'il continue.

  → Il mord un camarade : s'il est petit, montrez doucement sur sa main ce que produit une morsure. Dès qu'il a 4 ans, vous pouvez en discuter avec lui en lui demandant si lui-même aimerait qu'on lui fasse la même chose, et comment il réagirait.

  → Il tire la queue du chat trop fort : montrez-lui que cela fait mal au chat, comme lui n'aime pas qu'on lui tire les cheveux.

  → Il arrache des branches d'arbres ou des feuilles : expliquez-lui que les plantes sont vivantes et qu'on ne peut pas agir ainsi.

- **Votre enfant cherche des réponses à ses questions ?** Permettez-lui d'explorer pour comprendre ! C'est un petit scientifique en herbe :

  → Laissez-lui de l'eau et des récipients à remplir et à vider pour qu'il voie que l'eau coule… Il découvre ainsi des lois physiques.

  → Dès qu'il a 4 ans, faites avec lui des expériences toutes simples : du sucre sur de la levure avec un peu d'eau tiède, un bonbon acide dans une boisson sucrée et gazeuse. Sa curiosité sera comblée !

→ Il ne comprend pas pourquoi il doit mettre au sale ses vêtements ? Il laisse en boule un vêtement dans un placard ? Montrez-lui les conséquences et expliquez-lui que des micro-organismes grandissent dedans et dégagent de mauvaises odeurs !

→ Ayez des jeux de logique et des casse-tête pour enfant.

→ Faites appel à son raisonnement : que dira la maîtresse s'il va à l'école en pyjama ? Que dira son ventre s'il ne mange que du sucre ? Que se passe-t-il s'il traverse en courant ?

Profitez des expositions scientifiques qui permettent aux enfants d'explorer et de manipuler des matériels librement.

FICHE 14 J'aide mon enfant à se corriger

FICHE 24 J'aide mon enfant à raisonner

Chapitre 3

Un cerveau qui se construit

J'accompagne mon enfant qui découvre les lettres

POURQUOI ?

- L'apprentissage de la lecture peut être très rapide s'il est réalisé **au bon moment !** Maria Montessori parlait de la période sensible de l'apprentissage du langage, qui coïncide avec l'intérêt soudain et ardent de l'enfant pour les lettres.

- Dans une classe Montessori, quand naît l'intérêt pour les lettres, l'enseignant va lui en présenter 2-3 à la fois, selon une leçon en 3 temps : l'apprentissage, la mémorisation, le rappel. Pour ce faire, il utilise les ***lettres rugueuses*** (chaque lettre est découpée dans du papier de verre et collée sur un carré en bois).

- L'enseignant montre à l'enfant le tracé de la lettre, sans dire un mot, et termine en disant le son (phonème) de celle-ci. Après avoir observé, l'enfant trace à son tour la lettre et en dit le phonème. Une fois 2-3 lettres introduites de la sorte, l'enseignant joue avec l'enfant : il demande à l'enfant de pointer la lettre correspondant à un phonème, il en cache une, etc. Finalement, c'est à l'enfant de dire le son. Cette approche **multisensorielle** favorise la mémorisation, et utilise la mémoire motrice du tracé en vue de l'écriture.

Les lettres rugueuses aident la mémorisation et préparent à l'écriture.

- Les neurosciences ont de leur côté montré qu'il est plus facile pour un enfant d'apprendre les sons d'une langue représentés par les lettres, que le nom de ces lettres. De même, **deux lettres s'associant pour former un digramme** (/ch/, /ou/, /on/, etc.) **doivent être présentées comme un tout.** L'enfant, ayant appris que les lettres représentent des « sons », les fusionnera ensuite assez spontanément. Ce sera le début de la lecture !

COMMENT FAIRE AVEC SON ENFANT ?

- Votre enfant est obsédé par les lettres et les repère toutes sur les emballages, les magazines ou les affiches ?

- C'est le moment idéal pour lui dire les « sons » équivalents à chaque fois. **Ne prononcez pas le nom qui désigne la lettre ; mais dites le son qu'elle fait lorsqu'on la lit.** Cela permettra à l'enfant de l'apprendre juste pour la lecture.

  → Il repère la lettre « s ». Dites-lui le son, « Sssssssssssss » comme « Ssssssssssucre ». Ne dites pas : « Cette lettre, c'est le S /ès/. »

  → Jouez ensuite ! « SSSSSSSssssss » comme « SSssserpent », « Sssssaucisse », « Sssssirène », etc.

AU QUOTIDIEN

- **Majuscule ou minuscule ? Liée ou détachée ?**

  → La diversité fait partie du monde de l'écrit et les lettres que votre enfant va rencontrer peuvent prendre différentes formes. Dites-lui le son que désigne chaque lettre, il en déduira que plusieurs formes de la même lettre permettent de transcrire le même son ! Dans une école Montessori, les lettres sont abordées en liées, car c'est plus instinctif pour commencer l'écriture ; cela facilitera aussi la lecture et la production écrite plus tard.

- **Certaines lettres sont plus faciles à repérer que d'autres.** Il en est ainsi du « i » avec son petit point, du « m » avec ses deux bosses, du « o », ou encore du « c ». Observez avec votre enfant leurs formes, et répétez le son qu'elles incarnent. Il se peut qu'une même lettre se prononce de différentes façons ; votre enfant le réalisera tout à coup et vous pourrez le constater ensemble.

- **Repérez les lettres qui ont une valeur affective pour lui :** la première lettre de son prénom, du vôtre, etc, et démarrez l'apprentissage par celles-ci. Fabriquez quelques lettres rugueuses ou empruntez-en, l'aspect ludique de cet apprentissage multisensoriel aide l'enfant à apprendre rapidement les lettres.

- **Équipez-vous de quelques livres tels les abécédaires,** où l'on peut trouver des lettres dessinées en grand, lisez-lui des histoires comportant des onomatopées. Il va finir par en repérer et sera fier de commencer à les « lire » : « Ooooh », « mmmmmmh », « zzzz ».

- **Coupez et collez des lettres ou des mots avec lui.** Prenez de vieux magazines et repérez tous les objets désignés par un mot dont la première lettre est un « c ». Ou découpez ensemble toutes les lettres « m ».

- **Créez de petits livres pour chaque lettre :** par exemple, le livre du « m », où il y fera les dessins de ce qui commence par cette lettre (une maison, une montre, du miel…)

- **Trouvez quelques petits jeux :** des lettres pour le bain, des lettres aimantées, autocollantes, à colorier, des pâtes alphabet à manger, des emporte-pièces en cuisine, des tampons, etc.

- **Vous pouvez associer un geste à la lettre :** pointez votre nez en disant « nnnn », formez un « C » avec votre main. Plus tard, lorsqu'il cherchera le nom en mémoire, faites le geste uniquement, il retrouvera seul le son !

Ayez des lettres mobiles : l'enfant les utilisera librement pour les ordonner, dire les sons, etc.

- **Si votre enfant fait signe d'être moins intéressé, n'insistez pas.** Cela risquerait d'avoir un effet inverse. Attendez que son intérêt pour les lettres revienne.

- **S'il est moins intéressé par les lettres car il en connaît déjà plusieurs, passez à l'étape suivante !** Ce qui l'intéresse, c'est assembler des sons pour former des mots. En effet, il ne faut pas « traîner » ; pour garder l'intérêt intact, il est bon d'introduire la lecture sitôt qu'il connaît quelques lettres (entre 10 et 15 suffisent).

FOCUS LES LETTRES OU LES CHIFFRES EN PREMIER ?

La réponse est simple : **l'ordre vous sera dicté par votre enfant**. Il est attiré par l'un ou l'autre, ou par les deux ? Suivez sa demande. L'ordre des apprentissages n'a pas d'importance. Chaque enfant est unique. Et si l'ordre est différent à l'école ? Cela ne vous empêche pas de suivre les envies propres à votre enfant à la maison.

FICHE 20

J'accompagne la découverte des sons

POURQUOI ?

- Il est nécessaire de savoir décoder les lettres pour lire, mais surtout de **comprendre le sens** de ce qu'on lit (et donc entendre ce qu'on lit). Votre enfant doit donc reconnaître les lettres et dire leur son, mais aussi devenir attentif au fait que les mots sont faits de différents sons et les entendre consciemment ! Nous savons désormais que **plus l'enfant est apte à le faire, plus il sera bon lecteur !**

- Dans la pédagogie Montessori, de nombreux jeux sont proposés pour que l'enfant prenne conscience des différents sons. C'est grâce à ces sons, qui sont mis en lien avec les lettres, que l'enfant découvre la lecture. Pour faciliter cet apprentissage, **les premiers sons choisis sont les voyelles fréquemment rencontrées** (o, i, a), ou la première lettre de son prénom. L'enfant n'a pas besoin de connaître tous les sons pour commencer à lire. Il pourra apprendre les petites subtilités au fur et à mesure qu'il les rencontrera en lisant.

COMMENT FAIRE À LA MAISON ?

- **Attendez qu'il s'intéresse aux lettres** (vers 3 ans environ) et assurez-vous qu'il apprécie ces activités, **rien ne sert d'insister si ce n'est pas le bon moment !**

  → À l'écoute d'une chanson, s'il vous demande ce que signifient certains mots, c'est qu'il se met à écouter les sons dans un contexte.

  → Il commence à dire « **Mmmm**aman, c'est comme dans maison » ou à faire des allusions aux sons qu'il entend ? Félicitez-le et cherchez d'autres exemples avec lui.

→ « Le vers et le verre, c'est le même son, mais pas la même chose en fait ! » Il découvre les homophones, qui se prononcent de la même façon mais n'ont pas le même sens. Trouvez des exemples et des dessins ou des objets (un vers, un verre, du vert) pour lui montrer la différence.

→ « Ce mat**in**, Col**in** prend son ba**in** ! » Il fait des rimes ? Lisez-lui des poésies pour l'inspirer.

• **Il suffit de s'amuser ensuite autour des sons avec votre enfant !** C'est le moment de le rendre attentif à ce nouveau monde.

AU QUOTIDIEN

• **Jouez au détective des sons :** dans la rue ou la forêt, soyez à l'affût des sons. Où se cachent les sons /ou/ ? « Poubelle », « roue », « boue », « hibou », etc. Votre enfant deviendra attentif aux sons qui se trouvent à différents endroits d'un mot.

Voici des objets commençant tous par le son [b].

• **Jouez à cache-cache avec les objets !** Dites à votre enfant que ***votre œil voit*** quelque chose qui commence par le son /b/. Et regardez avec lui autour de vous de quel objet il s'agit. Lorsqu'il aura bien compris le jeu, il vous fera sans doute des devinettes à son tour.

• **Détachez les sons :** votre enfant va adorer dire le mot que vous coupez en morceaux ! Demandez-lui la « c-on-f-i-t-u-r-e » en accentuant les mouvements de votre bouche. Il fera d'autant mieux le lien entre ce qu'il voit et ce qu'il entend. Il criera avec joie « confiture ! » avant de vous la donner. Les sons prennent sens !

• **Jouez avec un miroir :** montrez-lui votre bouche et la sienne quand il prononce /o/, /i/, /p/, etc.

• **Chantez des chansons et des comptines :** ce sont autant de jeux d'écoute des sons. Et faites-lui découvrir avec malice les vire-langues ! « Les chaussettes de l'archiduchesse sont-elles sèches, archisèches ? » « Tonton ton thè t'a-t-il ôté ta toux ? » « Tas de riz, tas de rats. Etc. »

• **Mangez des sons :** laissez-le finir un mot. « Va vite te mettre en pyja… » « MA » ! Il comprend que le mot non fini ne veut rien dire.

• **Lisez à deux voix :** ensemble, lisez une histoire à plusieurs reprises. La fois suivante, arrêtez-vous et voyez s'il complète la phrase. Cela entraîne sa mémoire des mots, l'habitue à la musique des phrases et enrichit son vocabulaire.

• **Faites des phrases avec un son :** commencez par son prénom ou le vôtre et cherchez tout ce qui rime avec. Faites-le rire en trouvant des **associations incongrues.** « Léonie va au lit après avoir fini ses spaghettis à Bali avec le ouistiti », « Le vers vert dans un verre en verre », etc. S'il n'y arrive pas, accentuez la fin des mots. Ce n'est pas un exercice facile, mais, lorsqu'ils ont compris, les enfants ne s'arrêtent plus !

Jouez en famille : « Dans quel mot entend-on nnnnnn ? » « Nez ! Nombril ! »

• **Associez les sons et les lettres :** n'oubliez pas de dire le son auquel correspond la lettre lorsqu'il vous en montre une, et non le nom que porte cette lettre ! Au départ d'un mot, nommez tout ce qui commence par ce son : « Rrrr » comme « rapide », « rire », « rond », « rame », etc., en insistant sur le début du mot.

• **Fabriquez un petit alphabet mobile** (des lettres détachées que l'enfant peut mettre ensemble pour former un mot) pour qu'il puisse « écrire » des mots phonétiquement. Il est aussi possible de le laisser faire des lettres, sur l'ordinateur ou avec des tampons et des autocollants. L'important est de lui permettre de créer des mots grâce aux sons qu'il connaît, en lui épargnant la difficulté de l'écriture s'il ne la maîtrise pas encore.

• **Jouez à coller des mots :** prenez des Post-it et écrivez des mots faciles comme mur, sol, porte, café, sucre, table… ; à chaque fois, votre enfant doit le lire et le coller au bon endroit dans la maison.

Écrivez des mots sans difficulté que votre enfant placera sur le bon objet.

• **Faites une liste de courses :** quand votre enfant sait lire des mots simples, donnez-lui une petite liste au supermarché : « café, sucre, sel, carottes, salade, etc. ». Il sera motivé à lire !

• **Jouez aux secrets :** votre enfant semble connaître beaucoup de lettres ? Il joue avec les sons et vous paraît attentif à ce qu'il entend ? Il est *mûr* pour accrocher à la lecture !

→ Équipez-vous d'objets (tels qu'un bol, du fil, un sac, du sucre) représentés par des mots simples : une lettre = un son.

→ Donnez ensemble à chaque objet son nom : « bol », « fil », « sac », « sucre ».

→ Ensuite écrivez-lui un « secret » sur un bout de papier plié et donnez-le lui à lire. Il va dire les sons de chaque lettre, et découvrir qu'il comprend ce qu'il lit !

- **Incitez-le à faire :** quand il refuse quelque chose, essayez de lui donner une « carte à faire » sur laquelle vous inscrivez une action. Par exemple : « Tu te brosses les dents. »

FICHE 19 J'accompagne mon enfant qui découvre les lettres

FICHE 21 Je guide la découverte de l'écriture

Je guide la découverte de l'écriture

POURQUOI ?

- L'enfant de 1 an gribouille, puis dessine, vers 3 ans. Il dompte ses gestes et apprend à connecter son intention et son comportement, c'est-à-dire ce qu'il veut faire et ce qu'il arrive à faire. C'est long ! Après un peu d'entraînement, et en même temps qu'il découvre les lettres, il a souvent envie de produire des lettres à son tour.

- Maria Montessori parlait de ***l'explosion de l'écriture*** ! Soudain l'enfant écrit des lettres de lui-même. Parfois même sans savoir lire, il se met à écrire son prénom, des mots et des phrases en phonétique (vers 4 ans).

- En effet, il est souvent plus facile pour l'enfant de commencer par **exprimer sa pensée,** que de lire et de comprendre les mots écrits par d'autres ! C'est d'ailleurs souvent l'écriture qui apparaît en premier : l'enfant commence à mettre des lettres côte à côte et écrit des mots. C'est une première étape vers la lecture, il s'approprie les mots qu'il écrit.

LE SAVIEZ-VOUS ?

Maria Montessori favorisait l'écriture cursive (en attaché, en lié), car :

→ Les lettres prêtent moins à confusion (« d » et « b » sont deux entités distinctes si elles sont écrites en lié, « p » et « q » aussi).

→ Le mouvement est plus naturel que celui de l'écriture en bâtonnets ; les lettres s'attachent avec logique.

→ L'enfant peut ensuite mieux les lire (il perçoit des *paquets* et non une suite de lettres).

COMMENT FAIRE À LA MAISON ?

- **Votre enfant se met à tracer des lettres tout le temps,** et vous demande de lire ses productions ?
  → Ne vous moquez pas.
  → Ne commentez pas.
  → Lisez avec joie !

- **Il aura bientôt envie d'organiser ses lettres pour leur faire dire quelque chose !** Et alors ses écrits prendront la forme de petits mots, de prénoms, de noms.

Les premiers mots écrits sont souvent affectifs pour l'enfant : son prénom, le vôtre, etc.

- **Ne corrigez pas son orthographe** dans un premier temps, laissez-le écrire pour le plaisir d'écrire !

AU QUOTIDIEN

- **Dès 1 an environ**
  → Votre enfant peut jouer autant qu'il le souhaite à la **pâte à modeler :** il va assouplir son poignet et apprendre à faire usage de sa force. C'est une préparation indirecte à l'écriture !
  → Laissez-le **dessiner et peindre** (avec les doigts ou un pinceau) : faire le lien entre ce qui se dessine et ses gestes fait naître

en lui l'envie de **choisir** ce qu'il peut produire, et d'apprendre à maîtriser ses tracés.

→ Votre enfant peut être attiré par de minuscules objets qu'il souhaite attraper. Favorisez ces jeux-là ; c'est **la prise à 3 doigts** qui se renforce, cette même prise qui lui permettra de tenir un crayon en ajustant la force nécessaire à l'écriture... De petits bols remplis de raisins secs, de petits pompons, de graines, etc., tout est bon à attraper et à trier à cet âge (s'il met tout à la bouche, mettez des éléments plus gros, pour qu'il n'y ait pas de risque) !

- **Dès 2 ans environ**

→ Mettez-lui à disposition différents cadenas et leurs clés, ou des jeux de loquets ; ses petits doigts vont se renforcer et gagner en dextérité.

→ De même, proposez-lui de disposer des pincettes sur un carton, pour renforcer sa prise à 3 doigts.

- **Dès 3 ans environ**

→ Remplissez **d'une fine couche de farine ou de semoule un récipient,** et tracez-y une lettre à l'aide de votre index et de votre majeur. Invitez votre enfant à faire de même. Il prépare sa main au mouvement de la lettre, tout en développant sa sensibilité au toucher.

La farine ou la semoule incitent votre enfant à tracer des lettres.

→ Tracez une grande lettre sur une feuille et proposez-lui de suivre la route avec un stylo ; il comprendra le sens du tracé de la lettre et enregistrera le geste.

→ Il peut faire des coloriages en remplissant des formes par des lignes ; il apprend à maîtriser sa main et le mouvement précis.

- **Dès 4-5 ans environ**

→ Il va se mettre à tracer des lettres. Quand cette étape survient, donnez-lui des supports : des cartes, des feuilles, de petits carnets ou livrets, avec une ligne, puis deux, etc.

→ Vers cet âge-là vous saurez s'il est gaucher ou droitier. Avant cela, il se peut qu'il change souvent de main pour écrire, couper avec un couteau, etc.

Montrez à votre enfant comment tenir correctement son stylo.

FOCUS LA POSITION DES DOIGTS SUR LE CRAYON

Votre enfant ne positionne pas bien ses doigts ? Montrez-lui avec bienveillance la bonne posture à adopter s'il ne se corrige pas de lui-même. La période idéale pour adopter la bonne manière de faire – celle qui générera le moins de tension dans sa main – est entre 3 et 5 ans.

FICHE 22

Je guide la découverte des chiffres

POURQUOI ?

- Tout comme les lettres, l'enfant semble découvrir soudain l'existence des chiffres, et cela peut survenir à 2 ½ ans déjà. La raison scientifique sous-jacente n'est pas encore bien comprise. Mais, ce qui est sûr, c'est qu'il faut profiter de cet intérêt pour que l'enfant apprenne vite et avec plaisir ce que sont les chiffres !

- Dans un environnement Montessori, l'enfant va apprendre les chiffres d'une manière **multisensorielle** : il apprend leur nom tout en les traçant – ce sont les fameux ***chiffres rugueux***. En parallèle, il dénombre différentes quantités ; des barres de longueurs différentes et des jetons. Il fera ensuite le lien entre le nom, le symbole et la quantité qu'il représente à l'aide de différents matériels (des barrettes de perles par exemple), et découvrira ensuite que 0 représente une quantité nulle !

Faites explorer par votre enfant les chiffres avec les doigts.

COMMENT FAIRE À LA MAISON ?

- **Faites des chiffres un jeu !** Nous sommes entourés de nombres et nous les utilisons tous les jours, n'oubliez pas d'inclure votre enfant dans ce processus !
  → Transmettez à votre enfant l'information que les chiffres sont agréables à manier (à l'inverse, si vous en avez peur, très jeune votre enfant le percevra), et prenez du plaisir à calculer devant lui.
  → Guettez avec lui les chiffres qui vous entourent : les numéros sur les portes, les quais de gare, les panneaux kilométriques, etc.

- **Montrez-lui systématiquement à quoi ils vous servent.** Il comprendra que c'est intéressant de savoir les utiliser et sera très curieux de faire bientôt des calculs avec.

AU QUOTIDIEN

- **Dès qu'il est bébé, faites entendre les chiffres à votre enfant :**
  → Comptez à voix haute et joyeuse à toutes les occasions, l'air de rien ! Il apprendra la mélodie des chiffres de 0 à 9.
  → Faites la course : 1… 2… 3… partez ! En descendant des marches ou en prenant l'ascenseur.
  → Aidez-vous des comptines existantes (« 1, 2, 3 allons au bois » ; « 1, 2, 3, 4, 5, 6, 7, 8, 9 moi je compte jusqu'à 9 avant de pondre mon œuf, » ; « 1, 2 j'ai deux mains, » ; « 1 tronc, 2 troncs, 3 troncs, …, 6 troncs ! »).

- **Dès 2-2 ½ ans, quand votre enfant devient intéressé, apprenez-lui à reconnaître les chiffres qui ont un sens pour lui :** son âge, celui de son frère ou de sa sœur, l'étage auquel vous habitez, etc. Il aura une bonne raison de s'en souvenir.

- **Dès 3 ans, faites-lui associer le chiffre et la quantité.**

→ **Montrez-lui ses doigts,** c'est un outil intéressant pour compter de manière autonome.

→ **Demandez-lui de dresser le couvert !** Combien de personnes seront présentes à table ? Il devra mettre la même quantité d'assiettes. Ce sera un bon exercice de mise en lien entre chiffre et quantité.

→ **Utilisez les gestes quotidiens pour attirer son attention sur les quantités et les chiffres.** Combien de chaussettes devons-nous mettre et pourquoi ?

→ **Prenez de petits Post-it, où vous noterez un chiffre :** demandez à votre enfant d'aller chercher la bonne quantité d'objets (« 3 » pour 3 cuillères par exemple).

Associer le chiffre à la bonne quantité est un bon exercice.

→ **Faites-lui prendre conscience du « 0 »,** qui désigne une quantité nulle. Demandez-lui de temps à autre de vous donner « 0 » quelque chose. Et vous verrez que ce n'est pas facile pour lui de réaliser que cela signifie « ne rien vous donner ».

- **Dès 4 ans, faites-lui revoir ces notions de chiffres et de nombres.**

→ **Posez-lui de petites questions :** s'il va à un anniversaire, pour les 3 ans de son copain, combien de bougies seront sur le gâteau ? Demandez-lui par exemple de vous donner 2 pièces de Lego pour compléter une construction. Il comprendra qu'il y a un sens et une utilité aux chiffres.

→ **Comptez ensemble aussi loin qu'il peut.**

→ **Lisez ensemble les chiffres ou les nombres rencontrés** (les vitesses sur la route, les plaques minéralogiques…)

Mettez une balance à sa disposition ; peser les objets est une sensibilisation aux chiffres.

LE SAVIEZ-VOUS ?

Pour votre enfant, jusque vers 3-4 ans, « lettres » ou « chiffres », c'est la même chose ! En effet, ce sera **une question d'entraînement** avant qu'il comprenne que ce sont deux catégories différentes !

FICHE 21 Je guide la découverte de l'écriture
FICHE 23 Je m'amuse à faire des calculs avec mon enfant

Je m'amuse à faire des calculs avec mon enfant

POURQUOI ?

- **Chaque jour, nous utilisons les concepts de base des calculs de façon simple :** nous ôtons, nous mettons en commun, nous partageons, et nous créons. Nous naissons avec ces compétences mathématiques et ne demandons qu'à les exercer dès le plus jeune âge.

- Maria Montessori avait compris que ces prémices des mathématiques existaient chez les enfants et que ces concepts devaient d'abord **se vivre pour se comprendre**. À l'école, ils expérimentent par exemple les notions d'addition (on met ensemble), de soustraction (je te prends quelque chose), de multiplication (on distribue à chacun une même quantité), et de division (on partage), en faisant la *banque*. Ensuite, ils vont « faire » des calculs avec différents matériels, de manière concrète.

LE SAVIEZ-VOUS ?

Dès la naissance, les bébés ont déjà des compétences mathématiques ! En effet, ils savent reconnaître si deux quantités mises ensemble doivent faire « beaucoup » ou « peu ». Ainsi, un bébé sera surpris, et regardera donc plus longtemps une scène improbable - par exemple lorsque deux petits tas de billes mis en commun continuent de faire un petit tas de billes, par trucage. Ces compétences seraient logiquement liées à notre survie !

COMMENT FAIRE À LA MAISON ?

- **En jouant, votre enfant met en pratique ces concepts mathématiques.**

→ Il ne cesse de partager en faisant des tas, des piles, des morceaux.

→ De même, il assemble différents objets, en enlève certains, et en copie.

- **Il s'agit des prémices mathématiques, qu'il ne faut pas interrompre !**

AU QUOTIDIEN

- **Dès 2 ½-3 ans :**

→ Donnez-lui une pièce au magasin, et constatez avec lui combien de bonbons/pommes/crayons il peut acheter ! La fois prochaine, observez s'il se souvient du raisonnement quand vous en discutez.

→ Donnez-lui le ticket de caisse et un billet, pour qu'il aille payer lui-même. Il comprendra que l'on donne quelque chose et que l'on reçoit de la monnaie. Cela lui semblera magique ! Mais, grâce à vos explications et avec le temps, il comprendra le principe de la différence.

→ Encouragez-le à partager : il s'agit de la base de la division ; s'il l'expérimente, il en comprendra d'autant mieux le concept plus tard.

- S'il a peur de manquer : donnez-lui un peu plus (de gommettes à coller, de crayons, de biscuits, etc.), et montrez-lui qu'il en assez pour lui et pour les autres.
- Faites avec lui des petits gâteaux, qu'il pourra partager, il se réjouira de les faire goûter.
- Donnez-lui l'habitude d'offrir en montrant l'exemple.

– Laissez-le couper avec un petit couteau ou des ciseaux ; il verra que couper revient à partager ! Et cela le fascinera.

- **Dès qu'il sait bien compter vers 3 ½-4 ans**

→ Faites de petits calculs, l'air de rien… Suivez son rythme naturel : proposez ces jeux si cela l'intéresse. Sinon, n'insistez pas, au risque qu'il se détourne des calculs !

Les premiers calculs seront faits avec les doigts, laissez-le faire ! Une fois l'abstraction des quantités acquise, cela cessera.

→ Raisonnez avec lui sur de petites additions : s'il invite son copain, de combien de biscuits aura-t-il besoin en plus ?

Les premiers calculs arrivent parfois spontanément. Ne commentez pas son écriture !

→ Faites des gâteaux avec lui : la cuisine est un lieu de calcul naturel ! Utilisez la balance et demandez-lui de repérer les chiffres, d'ajouter de la farine, du sucre, de compter les œufs, le nombre de cuillerées ou encore de mesurer l'huile.

FICHE 22 Je guide la découverte des chiffres
FICHE 24 J'aide mon enfant à raisonner

J'aide mon enfant à raisonner

POURQUOI ?

- Le cerveau humain aime raisonner. **Nous aimons résoudre des problèmes, dès le plus jeune âge.** En effet, trouver des réponses active **notre circuit du plaisir.** Observez les enfants, combien ils aiment explorer ; ils veulent comprendre ! Et, quand ils ne trouvent pas la réponse, ils vont en inventer une pour s'expliquer ce qu'ils ne comprennent pas.

- Dans la pédagogie Montessori, l'enfant garde cet esprit d'explorateur et va l'utiliser pour construire son raisonnement : chaque matériel est **autocorrectif,** ce qui permet à l'enfant de déduire la réponse juste ! Comme ces activités ont **un contexte,** cela donne **un sens** à ce qu'il apprend.

COMMENT FAIRE À LA MAISON ?

- **Nous ne sommes pas faits pour apprendre hors contexte.** Votre enfant est sans cesse en train d'apprendre et de réfléchir ! Utilisez donc votre vie quotidienne pour l'aider à construire son raisonnement. Toutes les occasions sont bonnes !

- **Surtout, prenez le temps de lui donner les bonnes informations ;** répondez à ses questions, montrez-lui ce qu'il se passe et pourquoi, raisonnez à voix haute ensemble, expliquez pourquoi l'on fait les choses ainsi, etc.

- **Et… Laissez-lui du temps pour réfléchir !** Dans nos vies stressantes d'adulte, nous voulons toujours aller vite ! Cependant, réfléchir demande du temps et du calme !

AU QUOTIDIEN

• Dès sa naissance, pensez à voix haute, votre enfant pourra suivre vos raisonnements.

→ Vous cuisinez ? Racontez chaque étape ! Ce sont autant de suites logiques qu'il écoutera et imprimera dans son esprit.

→ La porte ne s'ouvre pas ? Énumérez les hypothèses : une clé est restée dans la serrure à l'intérieur ? Vous n'avez pas la bonne clé ? Il comprendra que ce n'est pas une fatalité, qu'il y a une bonne raison pour que la porte reste fermée.

→ Vous ne trouvez plus votre sac ? Raisonnez à voix haute pour que votre enfant apprenne comment l'on fait pour retrouver un objet.

• Dès ses premiers essais exploratoires, laissez toujours ses erreurs de raisonnement l'aider à comprendre ce qu'il se passe. Si vous les prévenez toutes, il ne comprendra pas et n'apprendra pas :

→ Il a ôté ses bottes au parc ? Ses chaussettes sont donc mouillées. Les conséquences sont riches en informations pour l'enfant !

Laissez votre enfant patauger si la température le permet, et changer ses habits ensuite… C'est un apprentissage de la causalité !

→ Il pense que monter à pied est plus rapide que prendre l'ascenseur ? Laissez-le faire, et, quand il arrivera au 5e étage, il aura constaté que cela lui aura pris beaucoup de temps.

→ Il pense que le verre est assez grand pour y verser toute l'eau ? Cela va déborder et il comprendra son erreur de raisonnement.

→ Il veut grimper comme les grands au parc ? Ne l'aidez pas, il observera d'autant mieux les mouvements des plus âgés et fera les bons gestes quand il sera prêt.

→ Il met beaucoup d'objets dans le bain ? Il se demande pourquoi certains flottent et d'autres coulent ? Amenez-lui en d'autres !

• **Donnez-lui les vraies raisons des interdits.** Même s'il vous semble trop jeune, expliquez-lui les choses en termes simples.

→ « Ne mets pas les doigts dans les prises, c'est dangereux, car l'électricité entre dans le corps et le brûle ! »

→ « L'eau et l'électricité ne sont pas amies, attention, sèche-toi bien les pieds avant d'utiliser le sèche-cheveux, et mets-toi sur un tapis sec. »

→ « Les petites cellules de la peau font une barrière pour te protéger, mais le soleil les brûle, on va leur mettre de la crème solaire pour leur faire un bouclier. »

L'enfant qui comprend pour quelle raison il doit faire quelque chose coopère de bon cœur !

● **Lorsque votre enfant vous pose une question,** prenez-le au sérieux et donnez les réponses les plus exactes, de manière simple et compréhensible.

→ Montrez-lui comment vous faites pour trouver la réponse.

- « Pourquoi y a-t-il des arbres dans les villes ? » Allez chercher la réponse avec lui dans un livre ou sur Internet.
- « Comment boit la fleur ? » Allez prendre une paille et un verre d'eau : rendez vos réponses attractives et simples.
- « Est-ce que le plastique fond quand on le brûle ? » Sortez une allumette et un vieux bout de plastique, et testez ensemble en toute sécurité.
- Il a une question sur les moteurs ? Prenez-le temps de soulever un capot et de découvrir ensemble comment cela fonctionne.

→ Il ne semble pas satisfait de la réponse ? Cherchez avec patience d'autres moyens de lui donner des informations sur ce qui l'intéresse.

● **Encouragez-le à raisonner sur ce qu'il dit.** Dès que votre enfant sait parler, et qu'il vous pose une question dont il pourrait déduire seul la réponse, invitez-le à le faire !

→ « Pourquoi on ne met pas le chien dans la machine à laver pour le nettoyer ? » Demandez-lui ce qu'il se passerait à son avis, guidez son raisonnement.

→ S'il dit quelque chose d'inexact, demandez-lui de clarifier par un gentil « Vraiment ? », il réfléchira.

→ Quand il dit quelque chose d'aberrant, raisonnez par l'absurde : « Je veux que le bain déborde ! – Et ensuite ? dites-vous. L'eau file dans le carrelage et s'écoule par le plafond du voisin du dessous ? Et il dira quoi ? Alors, non, ce n'est pas possible ! On arrête l'eau maintenant. »

- **Faites des expériences avec votre enfant !**

→ « Pourquoi arrête-t-on l'eau des fontaines en hiver (sauf dans le Midi) ? » Dans ce cas précis, remplissez d'eau une bouteille en verre, puis mettez-la au congélateur. Le lendemain, la bouteille aura « explosé ». Expliquez-lui alors que l'eau prend plus de place quand elle gèle et que cela casse les contenants.

→ « Pourquoi mettent-ils du sel sur la route en hiver ? » Sortez deux glaçons : un que vous saupoudrez de sel et l'autre non ; constatez comme le premier fond plus vite.

→ « Pourquoi dois-je mettre un casque ? » Fabriquez une protection de mousse et de carton autour d'un œuf cru. Laissez-le ensuite tomber et montrez que l'œuf ne s'est pas cassé : le casque protège notre tête de la même manière.

→ « Pourquoi doit-on arroser les plantes ? » Achetez une petite plante verte et ne l'arrosez pas, elle va sécher.

FICHE 9 J'apprends à mon enfant à faire des choix
FICHE 17 J'aide mon enfant à classer

FICHE 25

J'aide mon enfant à comprendre le temps

POURQUOI ?

- Notre horloge interne, **le rythme circadien**, nous indique lorsqu'il est temps de se reposer, de manger, de bouger quand nous avons un regain d'énergie, etc. Cependant, **la perception du temps n'est pas toujours aisée,** même à l'âge adulte : vous êtes passionné et le temps semble s'écouler trop vite, vous êtes inquiet et le temps semble ne pas passer. Nous avons donc besoin de **repères temporels** (montres, horloges) en permanence.

- **Pour les enfants, le temps reste une notion très abstraite pendant longtemps,** et, avant 7-8 ans, l'enfant ne perçoit pas le passage du temps !

- Maria Montessori initiait l'enfant au temps selon son âge. Les petits enfants sont très centrés sur eux-mêmes ; on part donc de **leur histoire personnelle et de ce qu'ils vivent** pour leur faire comprendre comment le temps passe :

→ Le déroulement d'une journée.

→ Les saisons.

→ Les fêtes de l'année.

→ Les jours de la semaine.

→ Les anniversaires, les âges des membres de sa famille et de sa classe.

→ L'heure sur une horloge, à lire seulement vers 6-7 ans.

COMMENT FAIRE À LA MAISON ?

Le temps est une notion qui met des années à s'acquérir ! Il est important d'en prendre conscience et d'accompagner ce développement patiemment. À chaque âge, une nouvelle étape.

- **Dès 2 ½ ans, aidez-le à gérer le temps en décomptant à voix haute le temps restant :** 20 minutes, puis 15, puis 10, puis attention, plus que 5 minutes, c'est-à-dire un tout petit moment, et puis c'est fini. Votre enfant apprendra à anticiper et à se préparer ! Mais les minutes qui s'écoulent doivent correspondre à la réalité ; si on lui dit 5 minutes, cela doit correspondre à 5 minutes ! Sinon, il ne pourra pas se construire de repères temporels justes.

- **Vers 3 ans, l'enfant commence à demander : « C'est quand que... ? » Répondez sous forme imagée !** Que ce soit le nombre de dodos avant un anniversaire, 5 minutes avant le départ, etc., utilisez des supports visuels pour que votre enfant puisse se repérer et comprendre petit à petit que le temps s'écoule.

- **Vers 4 ans, l'enfant s'inquiète des jours de la semaine et des activités qu'il a.**
  → Ayez un semainier avec un indicateur du jour que l'on est, il pourra se repérer dans la semaine.
  → Discutez de sa semaine à venir et placez des indicateurs (pinces à linge) sur les événements particuliers (rendez-vous chez le dentiste, Noël, etc.). Comme il anticipera, il se préparera mieux à l'événement.

- **Vers 5 ans,** vous pouvez dessiner une montre et lui expliquer le rôle de chaque aiguille.

AU QUOTIDIEN

- **Illustrez !**

→ **Dès 3 ans.**

- **Mettez en image le déroulement de sa journée ou de la semaine :** faites de petits dessins des étapes de sa journée et affichez-les.

Dessinez le déroulement de la semaine de votre enfant, il pourra se repérer visuellement dans le temps.

- **Dessinez les routines du soir :** toilette, brossage de dents, pyjama, histoire, câlin et au lit ! S'il voit les étapes se succéder, de soir en soir, il lui sera plus facile d'anticiper et de se préparer.
- **Combien de temps/jours/dodos ? avant...** Mettez une feuille sur un mur avec des cases pour chaque nuit à passer avant l'événement et donnez-lui des gommettes à y coller le matin ! Il verra que le temps passe et s'en réjouira.
- **Dès 3 ½ ans, trouvez des images pour chaque saison** afin de montrer à votre enfant que, dans notre pays, nous avons des repères du temps qui passe ! Faites des dessins, collez les feuilles séchées, des fleurs, etc.
- **Dès 4 ½-5 ans. Construisez un calendrier linéaire (aussi appelé poutre du temps) :** une année entière y est représentée,

avec les jours regroupés en semaine, les mois y sont indiqués et les saisons. Il est possible d'annoter ce calendrier avec les différents événements vécus, ou à venir. De temps en temps, on peut revenir sur les activités écoulées et observer ensemble le temps passé.

- **Comptez !**

→ **Les âges :**

- Comptez les âges de chaque personne dans la famille et comparez lors de chaque anniversaire. Votre enfant, dès 4 ans, comprendra qu'il grandit et ses frères et sœurs aussi.
- Illustrez les âges par une frise murale où il peut colorier et couper des carrés disposés sur une ligne horizontale : un carré par an, une ligne par personne (4 pour lui, 1 pour son frère, 6 pour sa grande sœur, 35 pour vous, etc.). Il prendra conscience des différences « proportionnelles ».

→ **Le temps :**

- Donnez-lui un sablier à la maison et regardez ensemble à combien correspond 1 minute. Et attendez avec lui... Cela passe vite !
- Comparez ensuite avec un chronomètre/minuteur/sablier que vous fixerez à 5 minutes, c'est plus long. Faites-lui vivre le temps !
- Regardez les aiguilles sur une horloge : dès qu'il connaît les chiffres, votre enfant est capable de comprendre que la petite aiguille montre l'heure. Même si cela ne veut rien dire pour lui, il saisit petit à petit qu'une montre est un repère. Dès qu'il sait bien compter, dénombrez ensemble les secondes en regardant la trotteuse (l'aiguille la plus longue) courir autour du cadran. Finalement, observez la grande aiguille d'une horloge, qui montre les minutes, se déplacer.

- **Sortez !**

→ **Vivez les saisons.** Dehors, regardez les bourgeons, les feuilles, les fruits des arbres, les couleurs des lacs, du ciel ; percevez les odeurs, la température, écoutez les oiseaux, etc.

→ **Regardez le ciel,** la position du soleil, la taille des ombres, la lune qui croît et décroît, les oiseaux qui migrent, la mer qui monte et descend, etc.

→ **Écoutez les clochers sonner et annoncer l'heure.** Racontez-lui que les cloches sonnaient au temps où les gens n'avaient pas de montre. Il prendra conscience de l'histoire.

→ **Observez les bâtiments :** montrez-lui les différences entre les vieilles bâtisses et les récentes, visitez des châteaux, des ruines, etc.

- **Collez !**

→ **Dès sa naissance : affichez des photos de votre enfant jusqu'à maintenant.** Il ne se reconnaîtra peut-être pas bébé, mais il comprendra que lui aussi il a été tout petit, et qu'il grandit ! Marquez sur cette frise ses anniversaires.

Affichez des photos de votre enfant chronologiquement.

→ **Dès 5 ans.** Ayez une éphéméride : votre enfant peut coller les fichettes du jour côte à côte et créer ainsi une longue ligne du temps qui passe.

- **Laissez-le mesurer !**

→ **Vers 3 ans, constatez avec lui qu'il grandit :**

- Montrez-lui ses chaussons ou vêtements de bébé, qu'il ne peut plus porter, etc.
- Si vous aviez fait des empreintes de mains ou de pieds, laissez-le toucher du doigt combien il a grandi.
- À intervalles réguliers, marquez sur une toise la taille des personnes de la famille, il verra qu'il grandit ainsi que ses frères et sœurs, mais vous non ! Expliquez-lui que seuls les enfants et les adolescents grandissent, que le corps des adultes ne grandit plus !

→ **Dès 4 ans, il peut s'amuser à se peser** et constater qu'il est plus lourd avec le temps. Son corps grandit.

FICHE 27 J'aide mon enfant à accéder à l'abstraction

Je laisse mon enfant être créatif

POURQUOI ?

• **Nous sommes tous capables de créer dès la naissance,** et cela ne se restreint pas au dessin ! Les compétences nécessaires au processus d'innovation s'acquièrent au fil **des expériences vécues**. Nous pouvons ainsi :

→ Faire des liens entre des histoires entendues, des objets, des matières, etc.

→ Adopter différents points de vue.

→ Prendre en compte des informations diverses.

→ Nous adapter à de nouvelles situations.

→ Apprendre de nos erreurs en adaptant notre comportement.

• Maria Montessori a élaboré **un matériel pédagogique** qui favorise le développement de la créativité de l'enfant :

→ Il doit trouver des solutions par lui-même.

→ Il n'a pas peur de se tromper.

→ Il est libre d'explorer autant que nécessaire.

→ Il a des moments de pause, où il peut laisser son esprit vagabonder.

→ Il a envie de tester de nouvelles activités et façons de faire en évoluant au sein d'un groupe aux âges mélangés : cela l'inspire et le stimule.

COMMENT FAIRE À LA MAISON ?

• **Votre enfant explore et teste en permanence !**

→ Il cherche à comprendre et à mettre en pratique certaines idées. Parfois, nous appelons « bêtises » ces actions-là et les punissons. Or, il est important de se souvenir que votre enfant construit son intelligence. Cherchez à comprendre ce qu'il est en train de faire et pourquoi : souvent il nous imite dans un autre contexte ! Par exemple, s'il vous voit nourrir les oiseaux, il va maintenant jeter des miettes de pain au chat à la maison !

- **Orientez votre enfant vers ce qu'il peut manipuler sans danger.**

→ Imposez un cadre strict : un lieu, le matériel et les outils avec lesquels il peut être laissé libre d'explorer (par exemple, donnez-lui son propre rouleau adhésif, qu'il est libre d'utiliser à sa guise).

→ Retenez-vous de le gronder s'il a beaucoup d'idées et qu'il innove.

AU QUOTIDIEN

- **Favorisez les jeux « ouverts »**

→ Les jeux de construction, les bricolages avec du papier, des emballages cartons, du scotch, des poupées, etc.

→ Laissez votre enfant en faire ce qu'il veut et se raconter des histoires.

- **Ne donnez pas les solutions aussitôt.** Donnez-lui des indices pour qu'il trouve une solution seul. Aidez-le « l'air de rien » ; il sera d'autant plus content d'y être arrivé qu'il aura le sentiment de l'avoir fait seul.

→ Bébé, il tente d'attraper un objet ; approchez-le à la bonne distance.

Sortez parfois des objets inattendus pour jouer !

→ Plus grand, il n'arrive pas à ouvrir un emballage, tournez-le pour qu'il voie la languette : il saura par où commencer.

→ Il a mis son pull à l'envers : orientez son regard vers l'étiquette, sans commentaire, il réalisera « tout seul » son erreur.

→ Il n'arrive pas à dévisser le capuchon d'une bouteille ? Prédévissez-le légèrement et laissez-le terminer.

- **Surprenez-le !** Agissez de manière inattendue et drôle.

  → Soyez parfois un peu fou ! Chantez à tue-tête ensemble, courez sous la pluie et sautez ensemble dans les flaques !

Agissez parfois de manière inattendue ! Votre enfant grandira en osant faire différemment de la « norme » !

- **Soyez flexible.** Tout ne se passe pas toujours comme prévu, car la vie n'est pas statique. S'il grandit en sachant qu'on ne contrôle pas tout, il ne sera pas déstabilisé en cas d'imprévu.

  → Il devait aller manger chez un petit copain, mais celui-ci est malade ? On change de projet, et on peut même lui faire un beau dessin pour lui souhaiter un bon rétablissement.

  → Le musée que l'on devait visiter est fermé ? On trouve une autre façon de s'occuper, par exemple aller au parc à côté.

- **Réfléchissez ensemble.**

  → On arrive à la piscine et il n'a pas de maillot de bain ? Que faire ? En emprunter un ? Rentrer à la maison ? Renoncer ? Se baigner en culotte ? Impliquez-le dans la réflexion.

→ Cuisiner un gâteau ou faire un puzzle ensemble ? On n'a pas le temps de tout faire, il faut faire des choix ? Pesez-le pour et le contre avec lui et trouvez une solution ensemble.

→ Il manque une pièce au jeu ? On peut en fabriquer une ! De même, il manque une patte à son doudou ? Trouvez comment en fabriquer une nouvelle ! Réparer est un processus très créatif !

→ Il rêve d'un garage pour ses voitures, mais vous ne souhaitez pas en acheter un ? Fabriquez-en un ensemble ; une boîte à chaussures vide, du ruban adhésif, de la peinture, etc. Il apprendra que tout n'a pas besoin d'être acheté !

Créez des objets en impliquant votre enfant.

• **Riez de vous, des situations comiques, de vos erreurs,** etc. L'humour et la bonne humeur engendrent d'excellentes idées ! Et dédramatiser les situations permet de trouver des solutions plus vite.

→ Votre pain n'a pas levé et ne ressemble à rien ? Plaisantez et trouvez un nom à votre invention, comme « le pain galette ».

→ Vous avez perdu vos clés et restez à la porte de chez vous ? Souriez et emmenez-le boire un jus de fruits ou jouer dehors en attendant une aide. Plaisantez de vous-même en parlant de votre petite « spécialité » ! Tout le monde en a une après tout !

FICHE 7 Je laisse mon enfant avoir des pauses
FICHE 14 J'aide mon enfant à se corriger

J'aide mon enfant à accéder à l'abstraction

POURQUOI ?

- **Votre enfant ne pense pas comme vous,** car il n'accède pas encore à l'abstraction. Dans sa tête, ce qui n'est pas concret n'est pas toujours compréhensible. Il a besoin de voir, de faire pour comprendre et s'assurer que c'est vrai. Vers 5 ans, après de multiples expériences concrètes, il utilisera les images qui se sont imprimées dans sa tête pour forger ses pensées.

- Dans un environnement Montessori, **le matériel part toujours du concret et amène peu à peu aux concepts abstraits :** par exemple le triangle est d'abord touché, dessiné, et puis nommé, et finalement identifié dans d'autres contextes. L'enfant comprend et assimile les concepts sensoriellement avant de s'en servir de manière abstraite.

COMMENT FAIRE À LA MAISON ?

- **Offrez à votre enfant des expériences réelles** qui seront autant de points de repère concrets qui lui permettront de se forger les concepts.

- **Donnez-lui des matériels délicats et précieux,** laissez-le tester et vérifier par lui-même autant que possible, nommez correctement ce qu'il vit et les objets rencontrés, sortez, rencontrez des gens, etc.

Faites vivre des expériences concrètes à votre enfant.

AU QUOTIDIEN

- **Montrez-lui les objets dont vous parlez**

→ Jusque vers 2-3 ans, cela enrichira son vocabulaire ; il fera le lien entre ce que vous dites et ce que cela représente :

- Vous parlez de ses chaussures, montrez-les lui.
- Vous parlez de ses habits, allez les chercher ensemble.

→ Faites-en un jeu avec votre tout-petit ; demandez-lui d'aller chercher des objets ! Quand il commence à parler, cachez un objet et demandez-lui le nom de l'objet qui a disparu.

→ Créez des jeux d'association où votre enfant doit apparier des objets avec leur image.

Associer une figurine avec sa photo, n'est pas si facile !

- **Faites-lui vivre des expériences riches**

→ Emmenez-le voir des animaux au zoo ; il réalisera que l'éléphant est énorme, la girafe immense, les lapins tout petits, etc. Il fera le lien entre les dessins et la réalité.

Voir un animal en vrai ou en image sont deux choses différentes.

→ Faites-lui ressentir les choses :

- Le congélateur, c'est froid ; invitez-le à mettre sa main dedans pour s'en apercevoir, ou à tenir un glaçon.
- La brosse est rugueuse, il peut se la passer sur la main.
- Le sac est lourd, il peut le porter pour s'en rendre compte.

• **Imagez vos propos.**

→ Un coup de soleil, cela brûle la peau, comme un gâteau resté au four trop longtemps !

→ Les « microbes » sont de tout petits bonshommes qui entrent dans notre corps, et certains nous rendent malade ! Il faut donc les capturer avec le savon.

• **Passez par du concret pour vos demandes encore abstraites pour lui :** faites parler les objets, les peluches ou les marionnettes à votre place.

→ Il ne veut pas dormir ? Que son doudou dise qu'il est fatigué et qu'il est temps de bien se reposer. Il trouvera cela rigolo et discutera volontiers avec lui. Cette stratégie désamorce bien des situations et permet à l'enfant de comprendre nos motivations.

→ Il ne veut pas se brosser les dents ? Que sa brosse à dents explique son métier et parle aux caries ! Cela le fera rire et il ouvrira sans doute la bouche.

→ Il n'aime pas que vous lui coupiez les ongles ? Racontez une histoire en même temps, et variez-la à chaque fois : Monsieur pouce va au zoo, l'index lui montre le chemin, le majeur achète un billet, l'annulaire observe les singes et le petit riquiqui leur donne des cacahuètes !

FOCUS LES IMAGES ET L'IMAGINATION DE L'ENFANT

Attention aux images que vous lui montrez ! Avant 5-6 ans, son niveau d'abstraction n'est pas élaboré, si bien qu'il peut ne pas comprendre certaines images vues et avoir peur ou devenir anxieux. Préférez les livres avec de jolis dessins, qui correspondent au niveau de compréhension de votre enfant.

FICHE 10 J'encourage la répétition
FICHE 17 J'aide mon enfant à classer

Chapitre 4

Mon enfant et les autres

FICHE 28

J'évite de stresser mon enfant

POURQUOI ?

● Nous apprenons bien lorsque nous sommes en **état d'éveil adéquat,** c'est-à-dire ni trop peu ni trop attentifs. Nous avons besoin d'un **bon stress** : celui qui nous motive et attise notre envie de fournir l'effort. Le mauvais stress se vit comme un danger, nous ne sommes alors pas libres de penser et de réfléchir avec efficacité : notre attention est déjà occupée.

● Ainsi, pour que votre enfant progresse, c'est-à-dire qu'il apprenne et mémorise un contenu ou un comportement, ne le stressez pas ! **Donnez-lui du temps, et ne le menacez pas.**

● Dans la pédagogie Montessori, les sources de stress sont **minimisées** :

→ Les enfants ont la possibilité de faire un travail sans être interrompus.
→ Il n'y a ni notes, ni punitions, ni récompenses.
→ Les activités se font de manière autonome.
→ L'enfant peut se corriger par lui-même.
→ Les classes multi-âges assurent un environnement d'apprentissage non compétitif.

COMMENT FAIRE À LA MAISON ?

● **Les intérêts des enfants et des adultes sont bien différents.**

→ Vous assumez la gestion du quotidien, avec toutes les contraintes que cela implique, alors que votre enfant est immergé dans l'instant présent, et encore tout à fait centré sur lui !

• **Prenez conscience de ces différences de point de vue.** Votre enfant est un enfant ; **il a besoin de temps.** Par exemple, lors d'une promenade, efforcez-vous de marcher à son rythme, de suivre ses intérêts, de prendre le temps qu'il faut pour faire les choses... Vous serez surpris de constater que cela n'a rien de désagréable, mais que cela vous demande de ralentir !

• **Instaurez des rituels,** des habitudes pour que votre enfant, comme vous, automatise le déroulement des actions.

AU QUOTIDIEN

• **Laissez du temps à votre enfant.** Ne l'interrompez pas lorsqu'il est concentré, ou ne le pressez pas si cela n'est pas nécessaire.

→ Il joue calmement dans sa chambre et vous aviez prévu une sortie au musée pour lui ? Repensez votre plan ; est-il dans son intérêt d'insister ? Ou est-ce possible de reporter cette sortie ?

Un enfant très concentré ne doit pas être interrompu.

→ Il est occupé à bricoler et c'est l'heure du coucher ? Attendez un petit moment, ce qu'il vit est important, et cela ne l'empêchera pas de bien dormir ensuite. Alors qu'un enfant fâché d'avoir été interrompu dans un moment de concentration profonde sera difficile à endormir !

- **Il ne trouve pas la solution ? Une difficulté l'arrête ?** Ne faites pas de commentaires négatifs ! Restez positif et montrez-lui comment la résoudre.

  → Il a passé l'âge de s'exercer à la trottinette, mais il n'y arrive pas ? **Ne le comparez pas avec les autres.** Accompagnez son apprentissage à son rythme. Ne cédez pas à une forme de compétition entre parents !

  → Vous lui avez déjà montré dix fois comment faire ? Ayez la sagesse et la patience de répéter une onzième fois ! Ou innovez ! Cherchez une nouvelle façon de lui présenter cette information qu'il ne saisit pas.

- **Ne le comparez pas à ses frères et sœurs.** Il est lui-même, et il doit réussir au mieux selon son niveau et ses compétences à lui. La comparaison peut être une source de stress pour les enfants et engendrer des conflits entre eux.

- **Il est lent ? Et alors ? La vie n'est pas un concours de vitesse. Regardez le processus plus que le résultat.**

  → Est-il appliqué ? C'est une belle qualité.

  → Est-il distrait ? Encouragez-le à se concentrer sur ce qu'il fait, et aménagez l'environnement pour l'aider : coupez la musique, éteignez la télévision, faites des listes illustrées sur les éléments à emporter le matin, pour favoriser son attention sur l'essentiel.

  → Et s'il est lent car il ne comprend pas ? Alors cherchez un nouveau mode d'apprentissage.

- **Même si vous ne dites rien, vous pouvez transmettre vos émotions à votre enfant.** Un simple regard suffit !

  → L'enfant qui perçoit que vous êtes fâché peut en avoir peur. Mettez des mots sur le problème, et, si vous êtes en colère – nous avons de bonnes raisons de l'être parfois –, soyez-le contre les circonstances et non contre lui !

→ Il a tapé son frère ? Fâchez-vous contre son geste : « Ce comportement est inadmissible, il n'y a aucune bonne raison de taper », et non contre lui : « Tu es méchant », ce qui serait destructeur pour l'enfant, et non formateur.

Votre enfant a sans doute une bonne raison de se fâcher, mais encouragez-le à retenir ses mains et à utiliser des mots !

• Il lui arrive souvent de tarder à s'habiller le matin, alors qu'il faut aller à l'école ?

→ Évitez les mots suivants, qui enferment votre enfant dans un jugement négatif : *tout le temps, toujours, comme d'habitude, évidemment, dépêche-toi, tu es lent.*

→ Aidez-le à s'organiser et segmentez l'information : Demandez-lui d'enfiler sa culotte ou son pantalon pendant que vous vous douchez. Ensuite, donnez-lui une nouvelle étape à accomplir pendant un temps donné court. Et, s'il a besoin d'un peu d'aide, n'oubliez pas qu'il apprend et que cela fait partie de l'apprentissage que de l'aider.

→ Attisez son intérêt ! Faites de ce moment un jeu… « Qui de nous deux arrivera le premier au petit déjeuner ? »

• **Ne lui retirez pas votre affection !** Sentir l'énervement du parent est une réelle source de stress et de détresse pour votre enfant. Vous pouvez désapprouver une attitude, pas sa personne.

→ À un enfant excité ou fatigué qui est très agité, dites « Viens t'asseoir sur mes genoux un moment » ou « Veux-tu qu'on lise une histoire ? » et non « Tu es énervant, si tu continues, je te mets tout seul dans ta chambre ». L'enfant qui se sent aimé se calme.

→ Pesez vos mots. Un enfant qui n'arrive pas à réaliser une tâche n'est pas « nul » ou « bon à rien ». Félicitez-le de ses progrès et de son courage si c'est difficile pour lui. Ne lui dites pas : « Quand tu auras réussi, je m'occuperai de toi. » Aidez-le à réussir.

Prenez le temps d'accompagner votre enfant dans des activités difficiles.

• **N'enfermez pas votre enfant dans une pièce !** Il va sécréter beaucoup d'hormones de stress... Et cela aura de nombreuses répercussions négatives à court et moyen terme sur les connexions au sein de son cerveau, en particulier sur la région des fonctions exécutives. Si ce stress est répété, votre enfant sera de moins en moins apte à se réguler, à prendre des décisions, etc. À l'inverse, construisez une relation de confiance.

→ Si vous devez l'isoler pour l'aider à se calmer, laissez **la porte ouverte,** demandez-lui de réfléchir un moment et de revenir quand il sera apaisé.

→ S'il n'arrive pas à s'endormir, cherchez d'autres solutions que l'enfermement : laisser une petite lumière, la porte ouverte, le doudou, lui prêter votre tee-shirt, écouter ensemble une histoire, etc.

→ Si vous êtes à bout, isolez-vous un moment pour vous calmer, avant tout ! Et verbalisez ; vous aussi, vous avez vos limites.

• **Évitez les punitions ou les récompenses.** Car votre enfant va faire un lien incorrect : il va associer son comportement à votre plaisir, et non au sien ! Or, il est essentiel qu'il ne soit pas détourné de la joie pure que lui procure une tâche réussie. En plus, punitions et récompenses provoquent des tensions puisque l'enfant aura toujours peur de vous décevoir.

→ Être propre pour recevoir un autocollant ou un cadeau ? Cela transmet un faux message à votre enfant. On doit être propre par hygiène et par confort. Et tous les enfants finissent par le devenir, soyez patient et motivez votre enfant pour les bonnes raisons.

• **Votre enfant a peur du noir ?** Ne minimisez pas sa réaction : c'est une peur réelle !

→ Trouvez une manière de faire qui vous convienne à tous les deux : une veilleuse, une porte ouverte, une jolie histoire à lui raconter avant de dormir, etc.

→ Aidez votre enfant à se ménager un sommeil serein. En effet, ce sont ses futures habitudes de sommeil qui s'élaborent ! Quand il est l'heure de dormir, et, passé le rituel agréable du coucher, il doit apprendre à rester calme et trouver le sommeil sans ressortir de sa chambre. Soyez ferme : l'heure du coucher n'est pas négociable.

- **Construisez une relation positive, sereine et confiante.**
  → Vous êtes une référence pour votre enfant, un modèle !
  → Traitez-le comme un invité particulier que vous ne voudriez pas perdre : vous ne céderiez pas à toutes ses demandes, mais auriez beaucoup de respect et d'attention à son égard.

FOCUS COMMENT GÉRER LES CONTRAINTES DE TEMPS ?

Organisez-vous en vous laissant une grande marge :

→ Levez-vous plus tôt le matin.

→ Soyez vous-même prêt à temps et sans stress.

→ Préparez les affaires la veille avec lui (par exemple, ses vêtements ou, dès qu'il a 2 ans, son petit sac à dos ou son goûter).

→ Le matin, décomptez le temps en l'informant du départ qui approche, donnez-lui des instructions l'une après l'autre.

FICHE 7 Je laisse mon enfant avoir des pauses
FICHE 32 J'encourage le respect des consignes

Je prends mon enfant au sérieux

POURQUOI ?

- Dans une école Montessori, **l'enfant est pris au sérieux en tant que petit être en développement :** il a accès à des matériels fragiles et à des matériaux délicats ; il peut faire comme l'adulte, pour de vrai ; il apprend du vocabulaire précis, riche ; ses questions trouvent des réponses, et ses compétences sont entraînées dès le plus jeune âge.

- La manière dont nous nous adressons à l'enfant et le regard que nous portons sur lui transmettent de nombreuses informations subtiles, qui sont traitées aussitôt par le cerveau : l'enfant sait s'il est pris au sérieux ou non, et donc s'il y a lieu de faire confiance ou non à l'adulte. Or, qui dit confiance dit **liberté d'apprendre !**

COMMENT FAIRE À LA MAISON ?

- **Soyez présent pour lui.** Avez-vous remarqué ? Les plus beaux moments sont ceux que vous partagez avec votre enfant lorsque vous êtes **reposé, disponible, heureux.** Votre attention est entière, et votre enfant le ressent.

- **Traitez votre enfant avec respect :**

→ Dès sa naissance, parlez de lui correctement. Devant lui et avec les autres, soyez bienveillant et positif dans vos paroles.

→ Dès qu'il pleure ou crie, prenez-le au sérieux et essayez de comprendre pourquoi. Par exemple, au moment du coucher, il est peut-être fatigué, auquel cas il doit dormir, mais peut-être pleure-t-il pour une autre raison ?

- **Prenez-le en considération.**

→ Dès qu'il sait parler, discutez avec lui, écoutez-le et posez-lui des questions.

→ Vers 1½-2 ans, quand il entreprend de vous aider, remerciez-le ! Demandez-lui de l'aide, comme de vous apporter un mouchoir, un verre, de porter un sac, ou de faire d'autres choses à sa portée. Plus il grandit, plus vous pouvez lui demander des coups de main complexes.

→ Dès 3-4 ans, donnez-lui de petites responsabilités : aller chercher du lait à la cave, déposer les habits dans le lave-linge, mettre le couvert, etc.

→ En tout temps, posez-lui des questions sur ce qu'il fait, intéressez-vous à ce qu'il aime, et discutez-en avec lui.

AU QUOTIDIEN

- **Utilisez un vocabulaire riche et précis.** Non seulement l'enfant apprend aussi bien des mots compliqués que des mots simples, mais en plus il aime cela. Il se sent pris au sérieux.

- **Répondez à ses questions en vous assurant qu'il comprend la réponse.** Rien n'est inaccessible, tout dépend de la formulation. Prenez-vous au jeu et relevez le défi de répondre à ses interrogations ! Vous apprendrez sans aucun doute plein de choses en même temps que lui.

→ Parlez-lui de l'histoire que raconte votre livre, en termes simples mais corrects, s'il est intéressé par ce que vous lisez.

- **Ne lui refusez pas ses initiatives ou certaines envies :**
  → Il aimerait prendre soin d'enfants plus jeunes ? Aidez-le en assurant la sécurité de tous.
  → Il a envie d'un chocolat au lait ? Préparez-le ensemble.

Adaptez la hauteur de la poussette pour qu'il puisse promener son frère ou sa sœur.

- **Dites-lui la vérité. Il n'a pas besoin de tout savoir, mais ne lui mentez pas.** S'il réalise après que vous lui avez menti, comment vous fera-t-il confiance une autre fois ?
  → Pour le Père Noël et la petite souris : ce sont de jolies histoires et cela n'ôte rien à leur charme que de les présenter comme telles aux enfants !
  → Plus grand, il est intrigué par les nouvelles à la télévision ou dans le journal ? Donnez des réponses simples, mais faites attention à ne pas lui montrer toutes les images de l'actualité, qui peuvent l'effrayer.

- **Croyez-le quand il raconte quelque chose,** et essayez de comprendre la situation.
  → S'il vous dit que sa sœur est tombée toute seule, ne l'accusez pas ! Demandez-lui de raconter les faits. Interrogez l'autre enfant, et encouragez-les à trouver une solution. Mais exigez qu'il dise la vérité et expliquez combien cela est important.
  → S'il se fait mal, qu'il a peur ou qu'il est triste, réconfortez-le ! Prenez au sérieux ses ressentis. Ne lui dites pas que ce n'est rien.

• **Partez du principe qu'il ne fait pas exprès d'avoir un certain comportement et qu'il n'agit pas contre vous.**

→ Il fait trop de bruit ? Emmenez-le dehors ou changez-lui les idées.

→ Il continue de prendre des bonbons ? Mettez la boîte hors de sa vue, de manière bienveillante, pour diriger son attention vers autre chose.

• **Ne faites pas semblant de ne pas l'entendre ou de ne pas le voir.** L'ignorance est une attitude qui génère la détresse chez l'enfant. Soyez clair ; si vous êtes dérangé, fatigué ou non disponible, dites-le lui.

• **Incluez-le dans les préparatifs de fête et les moments de vie joyeux !**

→ Dans la préparation du sapin de Noël : il apprendra vite à faire attention aux décorations fragiles et au long effort que cela demande.

Il est important que votre enfant se sente inclus dans la vie familiale.

→ En cuisine : faites-le participer à la confection d'un gâteau, d'une tarte, d'une soupe, etc.

FICHE 9 J'apprends à mon enfant à faire des choix
FICHE 24 J'aide mon enfant à raisonner

FICHE 30

J'accompagne la frustration de mon enfant

POURQUOI ?

- **La vie est frustrante !** Chaque jour, nous devons faire face à de multiples contraintes et maîtriser nos émotions en vue d'une attitude adéquate.

- C'est pourquoi l'enfant doit apprendre le plus tôt possible à gérer ses contrariétés. Dès son plus jeune âge, son cerveau bâtit sa capacité à se retenir, à attendre, à se contrôler, à trouver des stratégies pour se réguler : il faut en tirer profit.

- Dans la pédagogie Montessori, **un seul et unique exemplaire de chaque matériel est présent !** De cette manière, l'enfant apprend tout de suite à attendre son tour : il peut observer, regarder et se réjouir d'une activité, mais il doit attendre que le matériel soit disponible. Cette attente est difficile au début, mais peu à peu l'enfant l'apprivoise et régit sa frustration.

COMMENT FAIRE À LA MAISON ?

- **Votre enfant demande votre attention tout le temps ?** Il veut tout tout de suite ? Il crie ou pleure s'il n'a pas ce qu'il veut ? Il est temps de l'accompagner dans son apprentissage de la frustration !
  → Ne cédez pas à ses demandes, tout en restant bienveillant.
  → Expliquez-lui pourquoi vous n'êtes pas d'accord.
  → Il existe, mais il n'est pas seul ! Si vous n'avez pas le temps, expliquez-le-lui en douceur, mais avec fermeté.

- **Aidez-le à développer des stratégies pour se réguler.**

AU QUOTIDIEN

- **Vous existez aussi ! Respectez vos limites :** vous avez le droit d'être fatigué, irrité ou préoccupé. Cependant, ce n'est pas la faute de votre enfant. Parlez-en avec votre famille. Ne vous mettez pas en danger au nom de la bienveillance ! **En effet, la bienveillance, c'est aussi envers vous !**

- **Ne cédez pas à toutes les demandes de votre enfant,** il peut même en entendre les raisons : « Pas de bonbons avant le repas, car tu n'auras plus faim. » Sans concession telle que « mais garde-les pour après » !

Le sport ou les jeux de société sont un bon terrain d'entraînement à la gestion de la frustration !

→ Attention cependant, **il y a des demandes raisonnables qu'il est humain d'accepter** (2-3 bonbons lors d'une fête ou d'une occasion particulière) et qui font partie des plaisirs de la vie. Il faut savoir s'adapter au contexte ! **Mais, parfois, il n'y a aucun compromis à faire.**

- **Soyez exigeant !** Ce qu'il fait se doit d'être bien fait, dans la mesure de ses compétences. Il apprendra le plaisir de l'effort très vite et aura tout de suite de bonnes habitudes (ranger, finir un travail, persévérer, etc.).

- **Ayez un nombre de jouets limité :** trop de choix tue le choix ! L'enfant peut être dépassé par la quantité de stimuli autour de lui, qui risquent de le stresser.

  → Repérez ceux qui semblent l'intéresser à présent, et rangez les autres.

  → Cela favorise l'ordre aussi : plus facile pour lui et vous de ranger et de garder une chambre agréable à regarder.

- **Assurez un climat de confiance et de sérénité :** plus votre enfant se sentira en sécurité et aura le sentiment qu'il peut compter sur vous, plus il aura envie de se maîtriser lors d'une contrariété. Attention toutefois ; ce n'est pas une question *d'apparence parfaite,* mais d'authenticité. Une maison vivante n'est pas une image d'Épinal. Un climat de confiance signifie aussi qu'on arrête un enfant ayant un comportement inadéquat !

- **Soyez positif.** Lorsque vous-même vivez une frustration, montrez l'exemple : chaque expérience nous permet de rebondir. Votre enfant verra comment vous résolvez vos propres contraintes !

  → Vous vous énervez sur la route ? Reprenez-vous et expliquez que vous avez pris le volant un peu tard ; que vous vous organiserez mieux la prochaine fois.

- **Laissez-le s'ennuyer.** Il est parfois frustrant de ne rien avoir à faire. Mais c'est ainsi qu'il deviendra créatif ! Il trouvera de lui-même des idées… Innover, n'est-ce pas savoir gérer les contraintes ?

Laissez votre enfant « sans jeu » et, même s'il râle, soyez patient et confiant : il trouvera comment s'occuper au bout d'un moment !

- **Aidez-le à trouver des stratégies de régulation :**

→ Verbaliser et communiquer.

– Il peut apprendre à formuler ses demandes : « J'ai bien envie que tu me prêtes ton jouet quand tu auras fini de l'utiliser. » La verbalisation permet de se calmer.

→ Se rassurer.

– Très vite, apprenez-lui la règle du « chacun son tour » en lui montrant que l'objet lui revient après qu'il l'a prêté un moment.

– Un câlin ? Parfois, **consoler** l'enfant frustré sans lui céder le calme très vite : une main sur l'épaule, un geste tendre, accompagné de quelques mots.

– Bien respirer pour se calmer s'apprend.

→ Penser à ou faire autre chose.

– Le très jeune enfant est facile à distraire ; portez son attention sur un autre jouet, par exemple.

– Dès 1-1 ½ an, il n'oubliera plus aussi vite ! Il doit donc apprendre à **penser à autre chose :** c'est un vrai apprentissage que de savoir se changer les idées. Apprenez-lui à le faire !

- Faites une blague ou faites-le rire !
- Demandez-lui de regarder ailleurs.
- Demandez-lui de vous raconter sa matinée.
- Partagez un souvenir.

→ Marcher un moment.

- **Se déplacer** oblige le cerveau à changer d'idées. Avant que l'enfant ait 1 an, déplacez-le vous-même. Plus tard, proposez-lui de bouger quand il est en colère ou contrarié : « Va me chercher ton petit livre. »

→ Se mettre dans une position apaisante.

→ S'isoler pour calmer ses sens.

→ Apprendre à se projeter et à attendre. Votre enfant veut un jouet ? Dites-lui que c'est une bonne idée et qu'il peut s'en souvenir pour son prochain anniversaire ou à Noël.

LE SAVIEZ-VOUS ?

Une étude a montré que les jeunes enfants de 5 ans sachant gérer leur frustration ressentaient, adultes, un meilleur bien-être dans leur vie professionnelle, familiale, sociale, et avaient une meilleure santé.

Cependant, n'oubliez pas qu'il n'est jamais trop tard ! Il ne faut jamais se décourager de transmettre cet apprentissage capital pour la vie.

FICHE 32 J'encourage le respect des consignes
FICHE 35 J'encourage mon enfant à apprendre avec ses pairs

FICHE 31

Mon enfant apprend sans récompense ni punition

POURQUOI ?

• Maria Montessori avait observé combien les enfants sont **des *machines à apprendre*** et qu'ils n'avaient besoin d'aucune note, récompense ou punition !

• Pour chacun d'entre nous, l'envie d'explorer et de comprendre active **le système de la récompense :** le cerveau reçoit son lot de plaisir une fois une difficulté surmontée ou une information trouvée ! Ce système interne de récompenses se suffit à lui-même et devient biaisé si nous interférons depuis l'extérieur.

• Lors d'une erreur, le cerveau génère **un signal de surprise** qui va augmenter l'attention. Au lieu de se punir, notre cerveau s'éduque ! C'est notre système **d'autocontrôle** qui nous fait évoluer et apprendre **sans jugement !**

• Nous ne pouvons cependant pas tout apprendre seul ; **un adulte se doit d'informer l'enfant lorsqu'un comportement est inadéquat !** Il pourra ainsi se corriger. Aussi, le réconfort et les encouragements de l'entourage sont des supports humains nécessaires à l'enfant qui apprend.

COMMENT FAIRE À LA MAISON ?

• **Le regard porté sur votre enfant lorsqu'il réussit bien ou se trompe est d'une importance capitale !**

→ On appelle souvent *bêtise* un comportement exploratoire de l'enfant, alors que celui-ci ne fait pas à dessein une bêtise (casser un jouet, déchirer la page d'un livre, taper son chat, dessiner sur un mur). Il doit être arrêté et réorienté correctement et rapidement. Avec bienveillance et fermeté. L'enfant se corrigera et apprendra de ses erreurs d'autant plus vite qu'il ne sera pas puni (et donc pas stressé).

→ **De même, lorsqu'il réussit quelque chose, vous pouvez être content pour lui et l'en féliciter,** cela le renforcera. Mais nul besoin de lui donner une récompense matérielle, il est déjà très content de lui.

AU QUOTIDIEN

- **Préparez-le aux événements à venir et informez-le du comportement que vous attendez de lui,** qui doit être correct.

  → Après, félicitez-le si son attitude était adéquate, ou expliquez ce qui n'allait pas le cas échéant.

  → Si vous lui avez demandé de modifier son comportement dans certaines situations et qu'il le fait, dites-lui que vous avez vu ses efforts et que vous êtes content de lui !

- **Réjouissez-vous avec lui quand il réussit à surmonter une difficulté,** et qu'il vous le raconte ou vous le montre.

  → Il a osé entrer seul dans l'eau et vous le dit ? Félicitez-le de son effort et de son courage.

  → S'il ne vous dit rien et ne semble pas chercher votre regard, vous n'avez pas besoin d'en rajouter ! Cela le détournerait de la joie qu'il ressent !

  → Il a cassé un verre et vient vous chercher ? Demandez-lui s'il s'est fait mal avec les éclats de verre, sinon aidez-le à nettoyer.

Félicitez-le d'être venu vous chercher. Ainsi, il ne vous cachera jamais ses petites maladresses.

→ Il est tombé en bas d'une échelle et se relève en vous cherchant du regard ? N'accourez pas ; observez-le, au besoin demandez-lui si tout va bien, s'il a eu mal ou peur. S'il vous dit qu'il s'est fait mal, réconfortez-le.

• **Évitez les punitions et récompenses, mais expliquez les conséquences possibles.**

→ **Ses comportements à la maison :**

- **Mettez des règles du jeu.** Par exemple, tout petit, il a dessiné sur le mur ? Félicitez-le de ce joli dessin ! Et sortez une feuille en lui expliquant que la règle du jeu, c'est de dessiner sur du papier, car cela est plus pratique (on en a plus, on peut le jeter, effacer, etc.) ; puis nettoyez le mur avec lui.

Les premiers dessins débordent de la feuille ! Équipez-vous de feuilles plus grandes, jusqu'à ce que votre enfant ait apprivoisé les bonnes dimensions et ses gestes.

– **Adaptez l'environnement.** Il a vidé la boîte de mouchoirs en papier ? Le mouvement perpétuel est fascinant ! Il n'a pas vu le temps passer, le bruit est délicat, la texture est agréable. Mettez-vous à sa place et tentez de comprendre ce qu'il vit. Replacez-les avec lui dans la boîte, et, pendant quelque temps, rangez les boîtes de mouchoirs en hauteur.
– **Faites avec lui.** Il a découpé votre pull ? Les ciseaux qui crissent, le pouvoir de scinder des objets ; comme un explorateur, il suit ce qu'il voit, et poursuit sans réfléchir aux conséquences ! Pendant quelque temps, faites avec lui l'exercice de couper différentes matières (papier, carton, plastique fin, tissu, etc.), constatez ensemble que recoller ce qui a été coupé n'est pas facile ; donc, on doit choisir ce que l'on coupe ! C'est une véritable formation pour lui.

→ **Ses comportements hors du cercle familial :**
– **Répétez avec lui.** Vous l'emmenez à la bibliothèque, il court partout et parle fort ? Sortez aussitôt et expliquez-lui que cela n'est pas la bonne attitude, qu'il s'agit d'un lieu où les gens doivent chuchoter et se déplacer en silence, et qu'il doit le faire aussi. Avant d'y retourner, demandez-lui s'il se souvient comment il doit se comporter et surtout pourquoi. Donnez-vous les moyens que cette seconde expérience soit une réussite, pour que votre enfant (et vous) en garde un bon souvenir !
– **Admettez que ce n'est pas le bon moment.** Vous l'emmenez au supermarché, il ne se tient pas bien, et rien n'y fait ? S'il est trop fatigué ou affamé, mieux vaut abréger et rentrer vite.

Au magasin, le temps est parfois long ; l'enfant va chercher à s'occuper. S'il ne gêne pas, laissez-le faire, puis faites-lui ranger.

– **Faites des exercices.** Il ne veut rien partager ? Donnez-lui le sentiment qu'il a assez et qu'il ne manque de rien. Aidez-le à comprendre comment partager. Par exemple, achetez ensemble un paquet de biscuits pour l'apporter à l'école et partager avec les autres, en expliquant que c'est la règle du jeu. Faites avec lui l'exercice du partage à chaque occasion qui se présente, jusqu'à ce qu'il acquière les bons réflexes. Partagez avec lui, et vous-même avec les autres ; il vous observera.

– **Calmez le jeu s'il tape, mord ou griffe.** Dites-lui de retenir ses mains et essayez de comprendre sa réaction ; pourquoi tape-t-il ? S'il continue, éloignez-le ou attirez son attention ailleurs, non comme une punition mais comme une aide. S'il crie, restez calme et bienveillant en étant très ferme sur le fait qu'on ne tape pas !

FICHE 2 Je soigne la motivation intrinsèque de mon enfant
FICHE 13 Je laisse mon enfant faire des erreurs

J'encourage le respect des consignes

POURQUOI ?

• À 3 ans, votre enfant **comprend les consignes,** mais il ne les met pas en pratique. À cet âge, sa tête va plus vite que son corps ; c'est-à-dire qu'il comprend bien, mais ne coordonne pas encore bien ce qu'il entend avec ses gestes ! Dès 5 ans, il a une maîtrise de son corps suffisante pour exécuter plus vite ce qu'on lui demande.

• C'est pourquoi Maria Montessori disait que **la liberté et la discipline** sont les deux facettes d'une même médaille. L'enfant sera laissé libre au fur et à mesure qu'il pourra respecter les consignes.

COMMENT FAIRE À LA MAISON ?

• **Observez votre enfant.** Sitôt qu'il assume une situation, laissez-le agir sans intervenir.

• **Aidez-le à devenir plus autonome.** Apprenez-lui à mettre en lien ce qu'il entend et ce qu'il doit faire (c'est ce qu'on appelle le contrôle exécutif).

Prenez le temps de montrer les gestes permettant à votre enfant de se coordonner correctement.

AU QUOTIDIEN

- **Donnez une seule consigne à la fois,** répétez-la au besoin et orientez l'attention de votre enfant pour l'aider.

→ Vous souhaitez qu'il arrête de taper avec son bâton par terre ? Dites-le-lui plusieurs fois, et, s'il le faut, guidez ses gestes de façon que son corps suive sa tête ; ou détournez son attention.

→ Encouragez-le à prendre le temps de réfléchir ; en respirant, en se souvenant des conséquences, etc.

→ N'intervenez pas trop vite : amenez votre enfant à agir par lui-même ; cet effort sera d'autant plus formateur pour lui !

→ Si vous n'en pouvez plus, répéter avec calme et fermeté ce qu'il doit faire, et attendez qu'il le fasse.

→ S'il part en courant, en riant, et qu'il n'écoute pas ? Allez le rechercher et asseyez-le au besoin ; la consigne doit être très claire, « faire ce qui est demandé et rien d'autre ». Il peut rester assis tant qu'il le souhaite, mais il n'est pas autorisé à faire autre chose avant d'avoir obéi.

C'est l'heure de se brosser les dents ? Répétez-le gentiment et, si besoin, accompagnez votre enfant à la salle de bain.

- **Ne cédez pas à toutes ses demandes,** la région du cerveau dédiée à la maîtrise de soi sera d'autant mieux entraînée que l'enfant doit apprendre à gérer les contraintes et ses frustrations.

→ Il veut le jouet que son frère ou sa sœur a dans les mains ? Non, la règle du jeu est d'attendre ; on demande ; si vraiment le temps semble trop long, on discute, mais les mains n'interviennent pas !

→ Il veut vous parler tout de suite ? Non, on ne coupe pas la parole ! Mais cela est valable aussi quand votre enfant parle ; ne l'interrompez pas. Montrez l'exemple !

→ Dès 4-5 ans, les enfants peuvent jouer à des jeux de société ensemble ! C'est un fabuleux moyen ludique pour apprendre à appliquer des règles !

Grâce aux jeux de société, votre enfant apprend à respecter des règles, à collaborer à perdre, et à gagner.

- Ayez la sagesse de reconnaître les moments où il faut lâcher prise, car votre enfant est fatigué ou affamé. **Assurez des moments de calme dans sa journée :** être seul et sans stimuli permet de se ressourcer et donc de mieux se maîtriser plus tard.

FICHE 31 Mon enfant apprend sans récompense ni punition
FICHE 33 Je transmets les codes sociaux à mon enfant

FICHE 33

Je transmets les codes sociaux à mon enfant

POURQUOI ?

- Maria Montessori parlait de **leçons de *grâce et courtoisie* !** Les enfants n'ont pas de mauvaise volonté, mais ils ne savent pas toujours ce que l'on attend d'eux. Par de petits jeux de rôle, les enfants apprennent à adapter leur comportement aux circonstances : comment l'on se présente, comment l'on se mouche, etc.

- Nous naissons tous avec la plasticité cérébrale nécessaire pour nous conformer à notre environnement ainsi qu'à notre culture. Nous apprenons les comportements adéquats **au fil des expériences de vie.** Cela nous paraît ensuite tout à fait naturel. N'oublions pas qu'un jour nous avons dû apprendre tout cela. Alors, transmettons ce savoir-vivre aux enfants comme toute autre connaissance.

COMMENT FAIRE À LA MAISON ?

- **Dès son plus jeune âge, montrez-lui l'exemple !** Appliquez la courtoisie tous les jours et dans tous les cas ; votre enfant va s'imprégner de vos valeurs en grandissant, et cela sera plus important que tout ce que vous pourrez lui dire.
  → Ne jurons pas devant lui.
  → Ne médisons pas des autres.

- **N'oubliez pas que votre enfant est une personne** et qu'il a le droit de ne pas vouloir être assis sur les genoux de tante Agathe, recevoir trois grosses bises de l'ami Roger, être porté dans les bras de mémé ! Nous n'aimerions pas forcément non plus… N'hésitez pas à arrêter les personnes indélicates, et **défendez les droits de votre enfant.** En particulier si celui-ci est bébé ; il n'apprécie pas de passer de bras en bras, car les températures et les odeurs changent, ce qui peut le gêner.

AU QUOTIDIEN

- **Exprimez-vous de manière un peu théâtrale :** « Oh merci ! », « S'il te plaît », etc., à chaque occasion. L'emphase suscitera la curiosité de votre enfant. Il s'en amusera et imitera d'instinct ce qu'il observe.

- **Parlez avec lui des usages :**
  → **Ce qui nous paraît évident ne l'est pas nécessairement à 3 ans et nos coutumes ne sont pas toujours fondées sur la logique.** « Dans notre pays, il existe une loi qui interdit aux personnes de se promener tout nu dans la rue. Si tu veux te promener tout nu, tu peux aller en Finlande ! Là-bas, ils en ont décidé autrement. »
  → **Dans le cas d'une règle fondée sur du bon sens,** donnez les explications à votre enfant : « Dans un musée on ne court

LE SAVIEZ-VOUS ?

Les enfants remercient parfois d'une autre façon que verbalement, sans doute tout aussi valable… Il vaut mieux pour l'enfant **être sincère** plutôt que de juste formuler le bon mot, parfois par simple peur d'être grondé !

pas, on ne crie pas, on ne touche pas. Parce que les visiteurs ne veulent pas être dérangés ; parce que les pièces sont délicates et uniques, et que l'on doit y faire attention ! »

→ **Et si vous jouiez à faire des grimaces !** Les enfants adorent et cela les entraîne à exprimer leurs émotions.

→ **Riez ensemble !** Votre enfant aura envie de vivre des moments de complicité avec vous et sera moins tenté de faire des grimaces aux gens dans la rue.

Laissez-les faire des grimaces pour s'amuser !

→ **Si vous vous rendez à un événement spécial, faites participer votre enfant au choix de sa tenue ;** il apprendra que l'on adapte ses vêtements au contexte !

→ **Célébrez les fêtes, et expliquez-lui l'histoire de nos traditions.** Il aura non seulement le plaisir de ces moments de l'année particuliers, mais aussi l'occasion de comprendre sa culture. Et, d'une année à l'autre, il s'en réjouira davantage.

→ **Encouragez votre enfant à aider, à partager, à coopérer** en l'informant des raisons de le faire.

FOCUS FAIRE DES BISOUS À TOUT LE MONDE ?

Votre enfant n'aime pas faire de bisous aux personnes qui ne lui sont pas familières ? Ou il n'aime pas faire de bisous tout court ? Respectez-le ! Apprenez-lui à serrer la main d'une personne, en la regardant dans les yeux. Il s'agit là d'un comportement très courtois, qui n'impose pas de contact aussi intime.

FICHE 29 Je prends mon enfant au sérieux

FICHE 35 J'encourage mon enfant à apprendre avec ses pairs

FICHE 34

Je demande l'aide de mon enfant

POURQUOI ?

- Maria Montessori avait constaté combien tous les enfants collaborent avec plaisir ; **ils se sentent concernés, sont actifs et ont un but concret.** Tous les ingrédients magiques nécessaires aux apprentissages ! Dans sa pédagogie, la collaboration était donc un point essentiel.

- **Nous sommes des êtres sociaux.** Nous apprenons grâce aux interactions humaines. Observer les savoir-faire ou savoir-être des autres nous inspire et nous donne envie d'acquérir à notre tour certaines compétences.

- De plus, la collaboration développe les fonctions exécutives de votre enfant, c'est-à-dire l'aptitude à agir de façon organisée en vue d'un objectif, en générant des émotions positives ! **Collaborer, c'est donc une manière naturelle et efficace d'apprendre.**

COMMENT FAIRE À LA MAISON ?

- **Vous n'arrivez pas à…** fermer la porte de votre voiture, car vous êtes chargé ? porter lesdits sacs ? dresser le couvert, car vous préparez le repas ? habiller votre enfant le matin et préparer en même temps le petit déjeuner ?

  → **Sollicitez la collaboration de votre enfant !** Demandez-lui sa participation, en lui confiant des tâches à la hauteur de ses compétences.

  → **Dites-lui que lui et vous formez une équipe et que chacun contribue au succès de l'activité :** un repas prêt, des courses bien rangées, un départ à l'heure, etc. Aussi, s'il y a un accroc et qu'il est fâché ; rappelez-lui que vous êtes 2 et qu'il a, sa part de responsabilité !

→ **Réfléchissez ensemble à l'incident et aux améliorations possibles.**

AU QUOTIDIEN

• **Demandez de l'aide à votre enfant, sitôt que vous en avez besoin :**

→ Avant qu'il ne sache marcher (dès 9-10 mois), demandez-lui s'il voit où se trouve l'objet perdu que vous recherchez.

→ Dès que votre enfant marche (vers 12-16 mois).

- Il peut mettre son habit taché dans le panier du linge sale.
- Il peut vous apporter des objets à ranger (pièces de jeux, peluches, etc.) ou les rapporter (mettre son assiette vide dans le lave-vaisselle), ou encore porter un petit sac.

→ Dès que votre enfant maîtrise bien ses mains (vers 18-20 mois), faites-le participer aux tâches quotidiennes.

- Assembler les chaussettes propres.
- Ranger les courses dans le frigidaire.
- Couper des fruits ou des légumes avec un couteau à bout rond.

→ Dès que la motricité fine de votre enfant est bonne (à partir de 20 mois), donnez-lui des tâches simples :

- Vous aider à fermer ses boutons de cardigan ou de veste.
- Monter la fermeture Éclair.
- Lacer ses souliers, mais aussi ceux de ses frères et sœurs, de ses amis.

Invitez votre enfant à aider son frère ou sa sœur.

→ Dès qu'il peut mener à bien des activités plus complexes (à partir de 2-2 ½ ans), donnez-lui de petites responsabilités.

- C'est aussi vrai pour les petits garçons que pour les petites filles ; tous aiment participer aux tâches ménagères et devraient avoir l'occasion de le faire dès leur plus jeune âge.
- Il est doué et aime passer l'aspirateur ? Il peut être le « chef » aspirateur !
- Il aime le repassage. Trouvez-lui un vrai petit fer à repasser de voyage et bloquez-le sur la température minimale ; il pourra ainsi se charger de la mise en pli des petites serviettes, des pantalons, etc.
- Il peut faire les tartines pour ses frères et sœurs.

→ Quand il grandit, complexifiez les responsabilités. Plus il aura l'impression que la tâche comporte une difficulté, plus il se sentira pris au sérieux, concerné et fier de vous aider. Il peut :

- Casser les œufs.
- Transvaser le sucre du paquet au bocal.
- Faire les toasts le dimanche matin.
- Déposer le linge dans la machine avec vous avant de la mettre en route, etc.

Casser les œufs développe la concentration et la motricité.

- **N'oubliez pas de le remercier et de préciser combien son aide a été utile.** Il aura envie de recommencer !

- **Quel que soit son âge, acceptez ses initiatives !** Il souhaite vous aider ? Ne refusez pas et ne critiquez pas si cela ne vous aide pas tant que cela en réalité. Ce qui compte, c'est son élan : il a souhaité collaborer et aider ; c'est une première étape précieuse.

- **Il vous aide, parfois ce n'est pas ce que vous attendiez...** Il a voulu bien faire et arroser les plantes, mais l'eau a débordé ? Félicitez-le pour son geste et épongez ensemble l'eau qui coule en lui expliquant pourquoi. Arrosez ensemble une autre plante de la maison de sorte qu'il puisse se corriger à l'avenir.

- **Participer, dans une moindre mesure, aux soins et à l'entretien d'un animal domestique est très formateur pour l'enfant.** Il apprendra petit à petit à gérer les besoins d'un autre être vivant. On ne peut pas demander à un enfant d'assumer tous les soins, par contre, il peut aider !

Grandir avec un animal apprend à en prendre soin.

FICHE 35

J'encourage mon enfant à apprendre avec ses pairs

POURQUOI ?

- Adultes, nous avons un niveau d'abstraction qui ne correspond pas à celui des enfants ! **Les enfants entre eux sont plus proches dans leur façon de penser,** ils se comprennent plus vite, de manière directe, parfois sans mot dire ! Ils s'observent et ont envie d'apprendre ce que les autres savent faire, bien plus que dans une relation avec un adulte.

- Dans une classe Montessori, il y a un grand nombre d'enfants d'âges différents, et peu d'enseignants. Cela permet le **tutorat naturel entre élèves.**

COMMENT FAIRE À LA MAISON ?

- Si vous avez plusieurs enfants, ou lorsque votre enfant invite un copain ou une copine pour jouer, **encouragez-les à s'entraider et à trouver des solutions ou des idées par eux-mêmes.**

- **Mêlez-vous le moins possible** de leurs jeux, de leurs histoires ou petits problèmes. S'ils sont en difficulté, aidez-les à résoudre leur conflit de manière positive.

AU QUOTIDIEN

- **Ils se disputent ?**

  → Écoutez d'une oreille ce qu'ils se racontent, et, si cela prend de trop grandes proportions, encouragez-les à trouver des solutions positives en discutant et en s'expliquant. Cela, depuis le plus jeune âge.

→ S'ils se tapent, se poussent, se mordent, séparez-les ! Et examinez avec eux le sujet de la dispute.

→ Faites-les réfléchir : « C'est vraiment pour une peluche que vous vous énervez ? N'y a-t-il pas de solution ? »

→ Il y a peut-être une raison physiologique, comme la faim, la soif. Dans ce cas, organisez une pause goûter. Ils sont fatigués ? Alors, il est mieux d'envisager une activité calme avec eux, comme la lecture d'une histoire.

→ Ne cherchez pas à résoudre leurs frustrations lorsqu'il y a des conflits de jouets. La frustration fait partie de la vie, et les jouets sont une bonne occasion de s'y entraîner. On prête, et on explique la règle du « chacun son tour », en les aidant au début (« dans un petit moment, tu le lui donneras pour qu'il joue, et ensuite ce sera à nouveau toi »), et félicitez-les lorsqu'ils ont compris le fonctionnement. Retenez-vous de prendre le jouet des mains de l'enfant ; demandez fermement que l'enfant donne le jouet de lui-même et attendez. En effet, s'il fait le geste de son plein gré, il sera enclin à le refaire dans un autre contexte !

Des enfants se disputent un jouet ? Aidez-les à trouver une solution et à dépasser leur difficulté.

● Apprenez-leur à faire attention aux uns et aux autres en leur montrant l'exemple ou en les rendant attentifs à leur environnement :

→ « Attention où tu mets les pieds, car tu vas lui faire mal si tu lui marches dessus ! » Et, lorsque l'enfant est plus âgé : « Qu'est-ce qu'il va ressentir si tu lui marches sur le pied ? Cela va lui faire mal, n'est-ce pas ? Tu n'aimerais pas que l'on te fasse cela… »

Approuvez les comportements adéquats et positifs !

● **Il veut imiter les autres ?** Encouragez-le et aidez-le, en adaptant peut-être le geste. Les petits sont souvent stimulés par les enfants plus âgés.

● **Encouragez l'entraide. Il ne sait pas lacer ses souliers ?** Demandez au grand frère de l'aider, ou à un petit copain. Il observera en même temps les gestes. Ensuite, il sera plus facile de lui apprendre les étapes nécessaires.

Encouragez l'entraide, mais ne la forcez pas ! Laissez les frères et sœurs construire leur relation.

• **Respectez son rythme au sein d'un groupe.** S'il n'a pas envie de se joindre aux autres enfants, ne le forcez pas. Tous les enfants sont différents, et tous n'aiment pas être en groupe.

FICHE 32 J'encourage le respect des consignes
FICHE 33 Je transmets les codes sociaux à mon enfant

En guise de conclusion…

- **Votre enfant apprend selon la confiance qu'on lui accorde !** Il ne s'agit pas seulement que votre enfant ne commette pas d'erreur, mais qu'il devienne autonome. Vous devez croire en lui et en ses capacités de réussite, et penser à long terme. Alors, votre enfant vous croira au-delà de vos faits et gestes. Si vous portez sur lui un regard positif, il sentira qu'il est sur la bonne voie, il aura confiance et alors il avancera !

- Et… **Souvenez-vous que la vie n'est pas un long fleuve tranquille !**

  → Quand la situation semble catastrophique, respirez et souriez ! Regardez-la avec du recul. Rien n'est grave, voyez les choses de façon positive.

  → Ne pensez pas que vous êtes seuls ; tous les parents ont des difficultés à certains moments, demandez de l'aide !

  → Accordez-vous du temps ; prenez des moments pour vous ressourcer (une petite marche, quelques longueurs de piscine, un film, etc.) et revenir disponible et de bonne humeur pour votre (vos) enfant(s).

- **Votre enfant apprend à sa manière… qui est unique !** Il n'y a pas deux êtres humains identiques. Chaque cerveau se façonne en fonction des expériences vécues, toujours singulières : il en résulte des êtres humains uniques ! C'est pourquoi même les jumeaux qui partagent un matériel génétique quasi identique (les « vrais » jumeaux) vont se distinguer, au fil du temps, l'un de l'autre.

- **Cela signifie que :**

→ Ce qui est vrai pour un enfant ne le sera pas forcément pour le vôtre ! Méfiez-vous des recettes magiques, des « il faut », des « à mon époque », et des « moi je sais comment faire »… Retenez-vous aussi de juger les autres parents !

→ Il est essentiel d'ajuster vos comportements à ce que vous observez de votre enfant en temps réel et en aucun cas d'appliquer des recettes !

→ À chaque enfant conviennent des astuces qui lui permettront d'apprendre ; explorez, testez, innovez !

→ Si cela marche une fois, cela ne marchera peut-être pas toujours… Pourquoi ? La vie bouge, votre enfant grandit, et vous aussi vous changez.

→ N'oubliez pas, même les comportements désagréables finissent par évoluer et se modifier. Soyez patient, accompagnez votre enfant et ne vous découragez pas !

→ Émerveillez-vous de voir votre enfant si singulier dans sa manière de faire, et de grandir.

- **Et chaque parent a sa manière… qui est unique !**

  → Il s'agit de vivre, plus que d'appliquer des concepts ; trouvez votre manière de faire, de même que l'on ajuste et adapte une recette de cuisine en fonction des ingrédients présents sur le moment, et des outils à disposition. Et appréciez les résultats probants !

  → Soyez avant tout authentique. **Votre enfant n'attend pas de vous la perfection ;** ne vous mettez pas la pression, usez de votre bon sens, et reconnaissez vos erreurs. Vous aussi vous apprenez ! Parlez avec votre conjoint de votre manière de faire, partagez vos réflexions, car c'est important de former une bonne équipe.

- **Le bonheur d'un parent confiant rejaillira sur votre enfant.**

  → Amusez-vous ! La vie, c'est mieux que dans les livres… Lisez pour vous informer, et ensuite explorez en vrai pour vous former !

Biographie

Solange Denervaud est diplômée de l'École polytechnique fédérale de Lausanne en bio-ingénierie et doctorante en neurosciences à l'Université de Genève. Elle est également diplômée de l'Association Montessori Internationale et a enseigné à l'école Montessori Vevey, en Suisse.
Elle est coauteur avec Édouard Gentaz et Léonard Vannetzel de *La Vie secrète des enfants* (Éditions Odile Jacob, 2016).

Bibliographie

- GENTAZ Édouard, DENERVAUD Solange, VANNETZEL Léonard, *La vie secrète des enfants : Comprendre son enfant pour mieux accompagner son développement,* Paris, Odile Jacob, 2016
- GUEGUEN Catherine, *Pour une enfance heureuse : Repenser l'éducation à la lumière des dernières découvertes sur le cerveau*, Paris, Éditions Robert Laffont, 2014
- LILLARD Angeline S., *Montessori : The Science Behind the Genius,* Oxford University Press, 3e édition, 2017
- MONTESSORI Maria, GRAZZINI Maria (traduction), *L'enfant dans la famille,* Paris, Desclée de Brouwer, 2007
- MONTESSORI Maria, POUSSIN Charlotte (traduction), *Le manuel pratique de la méthode Montessori*, Paris, Desclée de Brouwer, 2016
- MONTESSORI Maria, *Les étapes de l'éducation*, Paris, Desclée de Brouwer, 2017
- Centre pour la recherche et l'innovation dans l'enseignement, *Comprendre le cerveau : naissance d'une science de l'apprentissage,* OCDE, 2007

Crédits photos

Mélanie Bultez © Sweet Mômes : p. 183
Elodie Cachat © hlophotography.com : p. 62, 71, 135, 180a, 180b, 187
Florence Jurie des Camiers : p. 175
Mercedes Cenepo-Perez : p. 145
Nicolas Denervaud : p. 26, 33, 37, 61, 89, 122, 177
Solange Denervaud : p. 13, 17, 28, 34, 38, 40, 43, 51, 55, 64, 65, 66, 69, 70, 73, 77, 81, 82, 84, 86, 93, 97, 101, 103, 105, 106, 109, 110, 113, 114, 118, 119, 128, 130, 133, 134, 137, 138, 141, 143, 152, 153, 162, 164, 167, 172, 179, 187
Vanessa Marmy : p. 111, 136, 155
Maria Montessori Archives, AMI (Amsterdam) : p. 11
Agnès Rey : p.18, 27, 30, 39, 47, 74, 85, 90, 157, 166
Sophie Riat : p.16, 21, 22, 29, 44, 52, 58, 87, 95, 121
Céline Richard : p. 98
Jacqueline Schmitz-Tacchini : p. 181
Shutterstock / chuchiko17 : p. 112
Sucré salé / Cultura Creative / Photocuisine : p. 176

Photo de couverture : iStock / Geber86

Remerciements :

Jean-Louis Broust, François Egret pour Amulette.fr, Patric Haqmann, Édouard Gentaz, Armelle Goraguer, Kevin Lebonnois, Laure Maj, Karine Marigliano, Christine Onnen, Crystel Rahamefy, Marjorie Seger, Emmanuelle Serrero-Després (special thanks from Solange !) et Valérie Tarte

@ Éditions Play Bac, 2018
14 bis, rue des Minimes
75003 Paris - France
www.playbac.fr

Imprimé en Slovénie chez GPS Group
Dépôt légal : juin 2018
ISBN : 9782809661170

MIXTE
Papier issu de sources responsables
FSC® C118234